www.ingramcontent.com/pod-product-compliance
Lightning Source LLC
LaVergne TN
LVHW091306150826
845673LV00006B/1554

* 9 7 8 9 9 4 8 7 9 9 4 9 8 *

فيضُ المَحبّة

خديجة أبي بكر ماء العينين

فيضُ المَحبَّة

شعر

إصدارات دائرة الثقافة، حكومة الشارقة 2023 م

الناشر: دائرة الثقافة - حكومة الشارقة - الإمارات العربية المتحدة
الهاتف: 5123333 6 971+
البرَّاق: 5123303 6 971+
الموقع الإليكتروني: www.sdc.gov.ae
البريد الإليكتروني: sdc@sdc.gov.ae

الطبعة الأولى 2023
تصميم الغلاف: منال السويدي

811.964
م خ. ف
ماء العينين، خديجة أبي بكر
فيض المحبة / خديجة أبي بكر ماء العينين .- الشارقة، الإمارات العربية المتحدة : دائرة الثقافة، 2023.
228 ص؛ 21X14 سم.
1 – الشعر العربي – المغرب – دواوين وقصائد
أ – العنوان
ISBN: 9789948799498

توطـئة

من رياض الجنوب

فيضٌ من المَحبّة والمشاعر الشاعرية المرهَفة والمرهَقة، هو ما يحمله ديوان الشاعرة خديجة أبي بكر ماء العينين، التي تتمثّل عمودَ القصيدة العربية الإحيائية في أبهى تجلياتها، دون أن ترتهن للقوالب المكرورة، أو تُختطف بالرمزية المغرقة في الحداثة.

تجمع شاعرتنا بين الجزالة التعبيرية الصادرة عن مرابع البيان والبديع التاريخيَّين، وبين البساطة والتلقائية في مخاطبة جمهور الشعر المعاصر، وهو ما يجعلنا أمام السهل الممتنع في الإبداع الشعري، ويمكّن الديوان من تذكرة عبور إلى طبقات القراء والمستقبلين، في مختلف أرجاء الوطن العربي.

تحمل الشاعرة على أكتافها وبين جوانحها هموم الأمة والوطن، وهموم الذات والإنسان أينما كان، لتصوغها في قوالبها الشعرية الشفيفة، فتنفخ فيها مزيداً من اللوعة والوله والشغف والحزن والفرح، وكل المعاني الإنسانية، التي تجعل القارئ يتفاعل مع القصائد وجداً وهياماً وحنيناً.

سَلوني تَعْلَموا مِنْ بَعْضِ ما بي
أُنَـهْنِـهُ آهَـةً فَـقَـدَتْ صَوابا
تَمَرَّدَتِ الدُّموعُ عَلى جُفوني
وعاقَرها السُّهادُ، فَهَلْ تَغابى

في التجربة الإبداعية لخديجة، تتواشج روافد متنوعة ومتعددة، تعكس واقع الحركة الأدبية والفكرية في المغرب عموماً، وفي أقاليم الجنوب خصوصاً، حيث تنتمي الشاعرة إلى بيئة علمية وأدبية عرفانيّة، ظهرت تجلياتها في الديوان الماثل بين أيدينا، حين نقرأ عناوين من قبيل: (إيناس، السرُّ غير مُذاع، المربّي والمريد)، كما تبدو مجازات اللغة الصوفية الرمزية في تضاعيف القصائد والمقطعات:

وإذا كَـتَّـمَ الْـهُـيـامَ شَـغـوفٌ
أَنْـبَـأَتْـنـا نَـواظِـرُ الْـعُـشّـاقِ
كَمْ دَعا العاشقين صَبٌّ تَغَنَّى
أَوْ مُحِبٌّ يَشْكو الْجَوى باحتِراق

هو إذن ديوانٌ يفتح أمام القارئ نافذةً على الإبداع النسائي الموشّى بتضاعيف الأصالة والجزالة، في منطقة جغرافية مغربية، تمتح من تراث ضارب في البلاغة والبديع والبيان.

صبْـراً جَميـلاً*

لِمَن التَّعـــازي يــا أعَـــزَّ النَّـــاسِ
اَلأهْـــلُ أنْتُمْ عِتْرَتــي وأُنـــاســــي

مــاذا أقــولُ وذي الرَّزايــا أقْسَـمَــتْ
أنْ تُـذعِـــنَ الْمَفْجــوعَ لِلْوَسْــواسِ

يــا آلَ شَـيْخي ما الْعُيــونِ أحِبَّـتي
صَـبْــراً جَميــلاً فـــي فراقٍ قـــاسِ

مَــنْ ذا الذي يُخْفــي الْأســـى إنْ أبْــدِهِ
أوْ ذا الذي لَمْ يُشْجِـهِ إحْســـاســـي

مــا عادَ طَعْمُ الشّــايِ يَحْلـو في الضُحى
أمْ عَلْقَمٌ يــا ســاقِياً فـــي كـــاسـي

---

* قصيدة أعزي فيها الأدباء والعلماء في فقدان والدي شيخي المربي الصوفي العالم الجليل الأستاذ أبي بكر بن محمد تقي الله بن محمد المختار بن أحمد زايد، رحمة الله عليه، الذي التحق بالرفيق الأعلى في اليوم السابع من الشهر الفضيل شهر رمضان عام 1434هـ/ يوليو 2013م.

لا عِطْــرَ بَعْـدَكَ لَفَّنــا بِأريــجِــهِ

مَنْ يـا أُبَــيَّ مُعَطِّـــرُ الْأنْفـــاسِ

مــا عُــدْتُ أنْعَـمُ بالْحَديـثِ مُفَصَّلاً

أو حَلْقَــةِ التَّدْريـــسِ قبْـلَ نُعـــاسي

الْحِبْـــرُ يبْكــي والْيراعَـةُ تَشْـتَكــي

وتَبُثُّ مِــنْ حُزْنــي إلـى الْكُــرّاسِ

حتّى الرّفـوفُ معَ الْمَكــاتبِ نُكِّسَـتْ

أعْلامُهـــا مِمَّـــا رَأتْ وَتُقـاســـي

أمّـا الْخِـزانَةُ لا تسَـلْ عـنْ حـالِهـا

فــي نَعْـي حَـبْــرٍ عــالِــمٍ نِبْـراسِ

كُتُبُ الشَّـــريعَةِ والْبَلاغَـةِ وَلْوَلَـتْ
والنَّحْــوُ عَـــزّى ســـائِرَ الأجْنـــاسِ

والشِّـــعْـرُ يا لِلشِّـعْر فـــي نَـبَراتِـهِ
نَـعْـيُ الْأديـبِ الْبـاحِـث الْجَسَّـــاسِ

اِبْكـــي خُدَيْـجَـــةُ واندِبي فَلَـرُبَّمـــا
خَفَّفْتِ حُـرْقَـــةَ فـــاقِـــدٍ وَمُـواسِ

مَـنْ مُـنْشِـدٌ شِـعْري إذا ردَّدْتُـــهُ
فـي الصُّبْحِ في الْإمْســـاءِ قَبْــلَ النّاسِ؟

مَنْ نـــاقـدي ومُحـــاوري ومُوَجِّـهـي؟
مُـتَـحَـسِّساً نَـبْضـي عَلى الْقِـرْطـــاس؟

يــا لَـوْعَتــي بَعْـدَ الْفِــــراقِ وآهَتـــي
يا ويْـحَ قَـلْبـــي ثــاكِلاً إينــــاســــي

إنْ يـــا خُدَيْجَـةُ تَشْـتَكـــي لا تَـلْجَئي
إلَّا لِـرَبِّـكِ خــالِــق الْأَنْفــاسِ

إنْ تَبْـك عيْنُكِ يــا خُــداجُ لِتَعْلمــي
كَمْ دَمْعَـةٍ سُــكِبَتْ عـلى الأرْمـــاسِ

في كلِّ حــرْفٍ مِنْ حُـروفِ قصــائِـدي
مَـرْثِيَّــةٌ غَنّـى بِهــا جُــلَّاســـي

أصْبحـتُ إرْثــاً بَيْنَهُــمْ أحْيــا بِــهِ
وغَــدَوْتُ وَقْفــاً يَنْتَـضي إحْساســـي

ويَزيدُ مِنْ صَبْـري قَريضٌ هَزَّنـي

إنْشـادهُ راضٍ عَلـى الأكْيـاسِ

أرْثـي وقَدْ عَلِمَ النُعـاةُ لَـواعِجـي

بِمآتِـمٍ، أَبَتـي، وفـي أَعْـراسِ

كُتُبٌ لَنـا تَخْشـى التَّفَـرُّقَ مِثْلَنـا

لا خَيْـرَ فـي التَّشْـتيتِ والإفْـلاسِ

فاشْـدُدْ أَخـي أزْري نَكُـنْ بِنصيحَـةٍ

لِلْوالِـدِ الْمَرْحـومِ خَيْـرَ النّـاسِ

وشِـعارُنـا التَّـقْـوى وحُـبٌّ عـارِمٌ

لِلْمُصْطَفـى فـي عِرْقِـنـا الدّسّـاسِ

مواويلُ الْهَوى

يَبْكـــي الْغَـرامُ بِقلبـي حَيث أبكيـكِ

فمـا سَـلوْنا، وَهَـلْ نَنْســـى لَياليـكِ

سَـلي الْهُيامَ سَلي الأشْواقَ ولْتَتِقي

تُخْبِـرْكِ عَـنْ خـافقٍ يهفـو لِيُدنيـكِ

فـي غُرْبَةٍ أو مَـعَ الأهليـنَ مَوْجِدَةٌ

ليسَـتْ تُبـارِحُ مَـنْ ينْأى مغـانيـكِ

أنتِ الْحَبيبَةُ مَرسـومٌ عَلى شَفَتـي

حُبّـــي إِلَيْكِ وحُبٌّ مِـنْ مُحِبّيــكِ

أنتِ التي مِنْ فُراتِ الْحُبِّ أوْرِدتي

تُسْـقى ويَرْوي فؤادي نَبْعُ واديـكِ

أنتِ التَّراتيلُ والإنشــادُ مِلْء فَمي

وفــي قَصيـدي تَرانيــمٌ لِحـاديـكِ

فيــا بلادي هواكِ الدّهْــرَ يَمْلؤُنــي

بِكُــلِّ شِــعْرٍ تَســامى إذ يُغَنّيــكِ

أنْتِ الْمَواويلُ في لَيْلِ الْهَوى طَرَباً

تُراقِــصُ اللَّحْنَ إذْ يَهْتَــزُّ ناديــكِ

سطات – 8 يناير 2017م

يـا أنـاي

يـا أنــايَ تَحَــرَّري مِــنْ أنـايـا

أوْ دَعينـــي إلــى اجْتِرارِ الشَّــكايا

نَتَســاقى حُمْقَ الْهَـوى باضْطِرارٍ

أمْ غَدَوْنــا رَهْــنَ الْخَطايا سَــبايا

أيْــنَ مَــنْ يَفْتَــكُّ الرَّهـائِــنَ مِنّــا

فاحْتِــدامُ الصِّراعِ أدْمى الْحَشــايا

كَيْــفَ نَنْأى عَــنْ ذاتِنــا وخُطانــا

فـــي اتِّســـاقٍ مُكَبَّــلٍ بالْخَبـايــا

والــدُّروبُ الطِّــوالُ شَــجَّتْ نِعالاً

حـامِــلاتٍ مِــنَ الهُمــومِ حَكـايــا

يــا أنــايَ، إنّـــي اتَّخَذْتُ سَــبيلـي

بَيْـنَ حُلْمي وواقِعـي مِـنْ صِبايـا

فَذَرينـــي أو فالْبَســيني حُروفـــاً

تَجْتَلي الْعِشْــقَ مِنْ عُيــونِ الْمَرايا

كُلُّ حَــرْفٍ قَصيــدَةٌ مِـــنْ خَيـالٍ

طَرَّزَتْـــهُ أيْدي الــرُّؤى لِلْبَـرايــا

رَفَّ حَوْلي وعانــقَ الرّوحَ طَيْفٌ

ورَكِبْنــا الأشْـــواقَ نِعْـمَ الْمَطـايـا

كُلُّ شَـــيْءٍ فــي رِحْلَتــي وارْتِقائي

ألْهَــمَ الْقَلْبَ لامْتِشـــاقِ الْوَصــايـا

سطات – 7 فبراير 2017م

دع عنك حـرفـي

دَع عَنـكَ حَرفـي بَناتُ الفِكـرِ حائِمَةٌ
تَخشـى شُـروداً إذا دَغدَغنَ مُعتَكِفي

هِـيَ النَّوافِـلُ فـي مِحْـرابِ قافِيَتـي
عَـزْفُ التَّراتيلِ لا أُخْفـي ولَمْ أصِفِ

حَتّـى إذا اسْـتَوْفَتِ الأفْـكارُ جَوْلَتَهـا
حَطَّـتْ عَلى وَرَقي تَسْـعى إلى لَطَفِ

ألْفَيْتُهـا جَنَّـةً تَزْهـو بِمُنْتَجَـعـي
حُروفُـها زَهَـرٌ بـاقـاتُ مُقْتَطِـفِ

خُذ هاكَ حَرْفي شَـراباً مُنْعِشـاً سَلِساً
واسْـكُبْهُ في كاسَـةٍ لَذَّتْ لِمُرْتَشِـفِ

دَعْ عَنْكَ حَرْفي يُسَلّيني أُسامِرُهُ

يَبُثّني عَرَضاً مَكنُونَةَ الصُّحُفِ

دَعْ عَنْكَ حَرْفاً بِأعْماقي مَشاتِلُهُ

تُسْقى مِنَ الشَّوْقِ لا تَحْيا عَلى الْجَفَفِ

خُذْ هاكَ حَرْفي حَديثُ الرّوحِ ناغِمُهُ

يَسْري ويَقْطِرُ مِنْ هاوٍ لِمُحْتَرِفِ

أَمْسَتْ حُروفي مِنَ الْوِجْدانِ طُرَّتُها

لَطيفُ مَعْنىً ومَبْنىً رائِقُ التُّحَفِ

مِن ذَوبِ روحي حروفٌ تنثني أَلَقاً

من نبضِ قلبي ومن بَوحي لِكُلِّ صَفي

أكادير – رجب 1437هـ/ أبريل 2016م

ما لِلمُـتَـيَّمِ؟

ما لِلْمُتَيَّمِ إنْ شَـكـا ... أَلَـمَ النّوى مَنْ يُسْـعِفَنَّهْ
فَالشَّوْقُ قاسَـمَهُ الْجَوى ... والنَّـوْمُ قـالَ لأَتْرُكَنَّـهْ
والطَّيْـفُ رَقَّ لِحـالِهِ ... أيَـزورُهُ واللَّيْـلُ كَـنَّـهْ
طَفِقَ الْمُوَلَّهُ يَحْتَـسـي ... كَأْسَ الطُّيوفِ مَعَ الدُّجنَّهْ
أضْحى يَتـوقُ وَيَرْتَجي ... وَصْلَ الْحَبيبِ ولَوْ بِرَنَّـهْ

فَيْض الْمَحَبّة

كَأْسُ الْمَحَبَّـةِ فاضَتْ رُبَّ مُرْتَشِـــــفِ
ذاق الْهـوى مَـرّةً يـا نَكْهَـةَ الشّـغَـفِ

طَعْـمُ الْهـوى حُلْـوُهُ راحٌ وخَمْرَتُـــــهُ
لِلشّـــارِبينَ انْتِشــاءٌ مَـنْ يَـذُقْ يَصِــفِ

أَأَلْبَسُ الصّوفَ خِلْـتُ الصّوفَ دَثَّرَنـــي
أوْ أرْشُـفُ الْحُبَّ ســاغَ الْحُبُّ بِالرّشفِ

فَالصّدْرُ مُنْشَـرِحٌ ما ضـاقَ مِنْ حَـــرجٍ
والْقَلْـبُ مُبْتَهِجٌ يـا صَبّ حيـنَ تَفِـــي

أمّــا الشّـغافُ فَضَـمَّ الْخلْـقَ حبَّهُــمُ
إذْ باتَ يَخْشـى عَلَيْهِمْ مِنْ عُـرى التّلَفِ

إنّ الْمُحِـبَّ إذا صافَـى الْــوِدادَ رأى

نــورَ الْحَقيقَةِ يَغْـشَــى حُـلْكَةَ السُّــــدَفِ

باتتْ سُــوَيْداءُ قَلْــبِ الصَّــبِّ تُـتْحِفُـــه

مِــنْ بَحْرِ عِلْمٍ إذا ما ســـالَ لَـمْ يَقِـــفِ

فــي مُهْجَــةِ الْقَـلْبِ شَــيْءٌ لَسْـتُ أجْحَدُهُ

تِلْكَ الصِّفــاتُ التي لاحَتْ لِمُكْـتَشِـــفِ

يــا حَبَّــةَ الْقَلْبِ إذْ لامَسْــتِ مِــنْ وَلَهِــي

مَحَبَّــةَ الْحَــقِّ قَــدْ أخْلَصْــتِ لِلسَّــلَـــفِ

أُعاقِـرُ الصَّمْـتَ إلّا فـي تَذَكُّـــــرِهِ

فلِـي لِســـــانٌ كَقَلْبـي ذاكِـرٌ وصَفِـــي

أقْـرَرْتُ فــي حَيْرَتي بِالذَّنْـبِ يَزْجُرُنـــي

بَيْـنَ الضُّلـــوعِ فُـؤادٌ وَيْـحَ مُعْتَـــرِفِ

يــا مانـحَ الْقَلْـبِ إذْ يَدْعــوكَ بُغْيَتَـــهُ

أبْهَجْـت مُلْتَجِئً فـــي بُـرْدِ مُعْتَكِـــفِ

يــا رَبِّ صَلِّ عَلــى المختار مَـن فُتِحَـتْ

لَــهُ الْجِنــانُ بِما ضَمَّـتْ مِـنَ الْغُـرَفِ

21 نوفمبر 2015م

طلاسم العشق

عِشْـنـا على دِينِ عُشّـاقِ الْبَساتيـنِ

مِحْرابُنــا قـائِمٌ بَيْـنَ الرَّيـاحيــنِ

صَلاتُنا مِنْ تراتيـلِ الْهَوى غَمَرَتْ

حَمـائِـمَ الأيْكِ صُبْحـاً بالتَّلاحيـنِ

للسِّـنْدِيـانِ حِكـايـاتٌ يُعـاوِدُهــا

مَتى نُعــاوِدُ مِنْ حِيــنٍ إلى حِيـنِ

نُصَفِّفُ الزَّهْرَ باقـاتٍ نُحاوِرُهــا

فَيُقْسِــمُ الـرَّوْضُ أنّا لِلْبَسـاتيـنِ

رَقْصُ الْفَـراشِ طَنينُ النّحْلِ هَيْلَلَةٌ

شَدْوُ الطُّيور عَلى أَغْصانِ زَيْتونِ

كَأنَّهـــا حُلَــقٌ لِلذِّكْــرِ تَجْذِبُنــــا

وَنـــونِ وَالْقَلَمِ الْمَسْــطورِ وَالتِّيـنِ

نُـورُ الْجَمـالِ تَجَلّى فاكْتَحَلْتُ بِـــهِ

والْقَلْبُ لَيْسَ يَرى غَيْرَ الْأحاسيـنِ

لِلزَّيْزَفــونِ لِحــاءاتٌ بِهــا نُقِشَــتْ

طَلاسِمُ الْعِشْــقِ مِنْ نَفْثِ الْمَجانينِ

يا موجعات القلب

يــا موجعاتِ الْقَلْبِ هَـلْ أَبْكي وما

يُجْدي الْبُكاءُ ولا النَّحِيبُ ولا الْحِدَادْ

شــاطَرْتِنِي ألَماً غَمَـزْتِ فَواجِعي

وعَصَرْتِ قلْباً باتَ يَعْتَصِرُ الْمِدَادْ

تهدين مـن حلل الأســى وحلــيّه

أنواعها صنعت بمختلف البــلادْ

ماذا رأيت بتونـس الخضراء من

ورق تناثــر في الربيع وحيث زادْ

وتفاءلــت جاراتهــا بمــجيئـه

قلن الربيع إذا أتى نيــل المــرادْ

ورأيت بنغازي يجللها الأســـــى

والثأر يكنف ويستطاب ويستـزادْ

في مصر في بغداد في حلب وفي

يمن وحيفا الظلـم يرفل والفســـادْ

يا أمتـــي نامي على جمـر الغضا

لا تشتكي وامشي على شوك القتادْ

يــا أمتي الأعــداء يســعدها البكى

تولي الشماتة إن ضعفت لمن أرادْ

لا يغفــر التاريــخ إن ينقــش على

جدرانــه غيـــر التحـــام واتحـــادْ

لا تجزعـــي وتيقنـــي فالصبـــر في

أيدي الأشاوس قد علمته خير زادْ

أكادير 11 ديسمبر 2015م

فكوا الحصار

فكــوا الحصار عن الأقلام قبل غد

فقــد يكــون غــدا أمــر ولا نــــدري

فكوا الحصار عن الإبداع يتحفكم

بريشـــة الفــن أو ترنيمـــة الشـــعرِ

فكــوا الحصار لتحيــا أمة صفدت

فيها المـــواهــب من مهد إلى قــبرِ

يا أنتمــو رفهوا عن أمة صدئـــت

فيها القلوب وما تــدري بما يـــجري

فالكل أطرش ما عــنّ الأنين لـــه

والبعض أعمى فلم يبصر سوى الشرِ

والحــر أبكـم إلا حيـن أنطقــــه

رغـم الكمامة صوت الـحـق بالجهرِ

أكادير 11 ديسمبر 2015م

صنيع الأشواق

لبســت جنــاح الشــوق لســت أعيره

أعانــق طيفــاً لــم يفــارق هنيهـــاتِ

تحــوم بــي الذكــرى بعيــداً فلــم أكن

أســائل يومــاً أين يا شــط مرســاتــي

على شــط بحر الحب ترسو مراكبي

وتأتي بما تهوى رياحــي شــراعاتي

تــدق تباريحــي علــى طبلــة الجوى

تراقــص أنــاتــي وتعــزف آهاتي

فمالــي وللأوجــاد تعصــر خافقــي

إذا مــا ذكرت العهد حنــت معاناتـــي

سأشــكر للأشــواق حســن صنيعهــا

ولم أنسَ للأطــياف مســرى لييلاتِ

ومــن ذاق بالهجــران مــر لواعــج

سيســقى بليل الوصل حلو المســراتِ

أكادير 21 أبريل 2015م

لاعج الشوق

أنهنــه الوجد والأسـقام تعصرني

ولاعج الشوق مهمـــاز يؤرقني

أبيـت يـا ويـح قلـبٍ حائـرٍ ولهٍ

أهدهد الطيفَ والذكرى تدغدغني

فكم عهود مضت أنسى فتبعث لي

منها رسـول الهوى يوماً يذكرني

وما رسـول الهوى أبـدى لمكتتمٍ

لكن مــؤدي أمــانات لمؤتمــنِ

إلـــى لقاء يتــوق القلـــب عن كثب

فالوصل ينعشني والهجر يرهقني

أصبو كغيري لعهد صيغ من ذهب

ما أســعد القلب إلا كان أسعدنـــي

ومن براه الجوى إن يلقَ مســعفة

ينصف أســير هوى أو كل مرتهنِ

أكادير 10 أكتوبر 2015م

بصمة القلب

تَرَقَّب مَسيرات الهَيامَى فإنَّهُم
يُلَبّونَ والأشواق إن يَدعُهُم صَبُّ

تسابقتِ العشاقُ في كلِّ مَهمَهٍ
ولم تثنهم وعثاءُ سَيرٍ ولا رُعبُ

تَحمَّلَ أهلُ العِشقِ والجوعُ قوتُهم
وساروا على دربٍ وهم لِلمُنى رَكبُ

أباحوا لِحاديهِم مَزاميرَ داود
فكلُّ حُداءٍ في سبيلِ الهوى عذبُ

جَرَت عادةُ الولهانِ أن يشكوَ النَّوى
وأن يَصحَبَ الآمالَ إن شَحَطَ الصَّحبُ

وَمَن أسكنَ المحبوبَ في القلب ضمَّه

وأرضى الأماني طيفُهُ وانزوى الكربُ

ومـن ينـحُ منحى العاشـقين فحسـبه

إذا ما التقى الأحبـابَ أن صدره رحبُ

وليـس كمثـلِ الحُـب يُسـعدُ أهلَـهُ

فلا بأس إن غـذى جوانحَنـــا الحُبُ

تبـثُّ القوافــي همسَـها حيـن نلتقـي

لِتَعلـمَ مَـن مِنّـا يَحِـنُّ ومَـن يصـــبو

سـنبقى على عهدٍ به الشـعرُ ينتشـي

نُـرَدِّدُ لَـحـنَ الوجـد يُنشـدُه القـــلبُ

أكادير 16 أبريل 2015م

أدمنت حرفـك

أدمنــتُ حَرفـك مــا انفكَّــت تُجاذِبُني
حــورُ المعانـــي حديثَ الـرّوح تبتدِرُ

ناجَــت فُــؤادي حــروفٌ كُلُّهــا عِبَرٌ
مــا مجَّها القلــبُ إذ يُصغــي ويعــتبرُ

أنعشــت مُهجتِــيَ الظّمــأى بمبتَكَــرٍ
من كرمــة العِلم والإيمـــان يُعتصَرُ

زدني انتعاشــاً فروحي ليسَ يُســعِدُها
إلا شــرابُ نبيــذِ الـحــرفِ يُبتكَـــــرُ

حَــرفٌ تَألَّــقَ فالإبــداعُ يَحضِنُـــــــه
يَزهُــو اليَراعُ بِــهِ والحِبــرُ يزدَهِــرُ

رَوائِـعُ الفِكـرِ تُـروى مِـن مَناهِلِهـا

وأنــت ديمَتُهــا تَسـقــي وتَـمتَطِــــر

أوتيـت جَنَّــةَ أفـكارٍ وأنهُرَهــا

فدُمـت ناطورَهـا تَرعــى وتَذَّكِــرُ

يــا نَسـمَةً ضَمَّخَـتْ بِالعِلـمِ مَجلِسَـنا

مَحَبَّــةُ اللهِ آخَتنــا وَنَفـتَخِــرُ

إلماعيــاتٌ بِجيـدِ العَقـلِ سَـاطِعَــة

هِــيَ اليَواقيــتُ والألمــاسُ والــدُّرَرُ

تَهَلَّلَت مِن حَديثِ الرّوحِ بُلغَتُها

واستَمتَع السَّمعُ فاستَجلَت لَهُ الصُّوَرُ

زادُ الفُهومِ غِذاءُ الرّوحِ مُسعِفُها

تِلكَ الحَقيقةُ لا تُخفاكَ والخَبَرُ

لا تَشغَلِ البالَ إلَّا فِي مُجاهَدَةٍ

لِلنَّفسِ تَكبَحُها لا مَسَّكَ الضَّرَرُ

يا ساقِيَ الهَمِّ

يـا سـاقِيَ الهَـمِّ هـذي أُمَّـةٌ شَـرَقَت
من حَسـوِها المُرَّ جرعات وجرعاتِ

تَداوَلَتها خُطـوبُ الدَّهـرِ عابِثـةً
كأنَّهـا دُميَـةٌ فـي كَـفِّ مَأسـاةِ

وجاءَهـا العيدُ، لَيـتَ العيدَ يُسـعِدُها
يُذيقُهـا الحُلـوَ بَعـدَ المُـرِّ رَشـفاتِ

تُصـارِعُ الدَّمـعَ أمواجـاً وَتَجذِبُهـا
في لُجَّـةِ الحُـزنِ مَوجـاتٌ بِمَوجاتِ

مِجذافُهـا كَسَّـرَ الأحقـادُ لَوحَتَـهُ
والفُلـكُ يَسـخَرُ مِـن غـادٍ وَمِـن آتِ

والـكُلُّ يَرنُـو إلـى بَرِّ الأمانِ عَسـى
يَحُـطُّ مَركَبُــهُ يَهفــو لِمَنجــاةِ

يَسـتَنجِدونَ، هُمُ الغَرقَـى، فَلَيسَ لَهُم
عِنـدَ المُلِمَّـاتِ إلَّا مُنجِـدٌ عــاتِ

نُبــارِكُ العيـدَ حَتّـى فـي مَواجِعِنـا
وَكُلُّنــا أَمَـلٌ يَحيـا لِميقــاتِ

يـا حَسـبُنا اللهُ فيمـا ضَـرَّ أُمَّتَـنـا
وشَـتَّتَ الشَّـملَ لَـم يَأبَـه بِفلــذاتِ

أكادير – صبيحة عيد الفطر 1437هـ

الحروفُ غِراسٌ

هــي الحــروفُ غِــراسٌ في مَشــاتِلِنا

ورَيِّــقُ الشِّــعر يسـقيها بســـــاتينـــا

يــا رَوعَةَ الحَرفِ يُذكي في رَســائلِنا

باقــــاتِ شِــعــرٍ تُغَنّــــى للمحبّيــنــا

مــا أروَعَ الحرفَ للذّكــرى يُراودُها

تُســـامِرُ القَلبَ في ليلِ السُّرى حيــنــا

مِن ذَوبِ روحي حروفٌ كُلَّما نَضجَت

صاحَت: قِطافي، وسَـلّي مَن يُحاذِينا

تراقِــصُ الحَــرفَ أيدينا بِــذي وَرَقٍ

ودندنــــاتُ الهَوى بالبَــوحِ تُغرينـــا

لكِــن يُداهِمُنــا غَيــمٌ دَعــا مُقَــــلاً

أن تُــذرِفَ الدَّمــعَ إشــفــاقاً فَتُبكينــــا

لا تَســـأَلوا الحرفَ عَن شَيءٍ يُخالِجُنا

تَغتالُــهُ الكَــفُّ إن يَكشِــف مرامــينا

أولاد تايمة – 2 شوال 1437هـ/ 7 يوليو 2016م

رياحين الوداد

قَطَفـتُ رَياحينَ الـوِدادِ، فَما أرى
قِطافاً يُغَذّي الـرّوحَ مِثلَ المَوَدّاتِ

سَـكَبتُ تَراتيلـي فَرَدَّدَهـا الهَوى
عَلى حَلَقـاتِ الوِدِّ مَـهدِ البِدايـاتِ

ولي عُزلَةٌ صارَت أنيسـاً مُؤانِساً
نُسامِرُ سَـرِدَ الحَرفِ سِرَّ المُناجاةِ

فَلا تَعذلوا مَن شادَ يَوماً إذِ انزَوى
مِنَ البَوحِ أطواقاً بِوصفِ النهاياتِ

دلال الحرف

الْحَـرْفُ يَرْفُلُ داخِلـــي مُتَرَنِّحـاً

والْـكأسُ ذَوْبُ الرّوح في قَطَراتِ

الشِّعْرُ يَرُشـفُ خَمرَهُ مِنْ أضلُعي

ويَمُجُّهـا كَالأرْيِ فـــي الْكلِمــاتِ

6 أغسطس 2016م

من ذا يهدهدني

أمّـــاهُ ما لـي والسَّـرير ودُمْيَتـــي
أنَّـى وَقَفْــتِ بِجـانبـي لا تضحكيـنْ

تَتَفَرّجين علـى سـريـري تــارةً
وكـأنَّنـي مِنْ متحفٍ أبْـلى السِّنيـــنْ

وهُنَيْهَـــةً تتسـلَّليـنَ لِتَلْمســـي
تَحْتَ الْقِمــاطِ أصابعي، تتأمليـــنْ

ولِنَبْـض قلْـبٍ نـاطِقٍ بِرسـالـةٍ
إنِّـــي رَأيْتُكِ ســاعــةً تتحَسَّسيـــنْ

هلْ كُنْـتِ تَعْتَبِريـنَ مِــن أيّامِنـــا؟
فلقَدْ سَـمِعْتُكِ كُلَّ حينٍ تشْـتــكيـنْ

وإذا نظــــرْتِ إلَــيَّ فـاضــتْ عَبْــرَةٌ

كمْ عَبَــرَتْ عمَّا طوَيْتِ مِــنَ الأنيــنْ

أمّـــا إذا نـــاغَيْــتِ نـــاغمَـكِ الصَّدى

مُسْتأنِســاً مِنْ نَبْرَةِ الصَّوْتِ الـــحزينْ

هَـلْ جِئْــتُ يا أملــي أخَفِّفُ للأســـى

أمْ زدْتُ يـــا أمّـاهُ هَمَّـكِ والحنيــــنْ

فـــي لَفَّتي فـــي الْمَهْــدِ بِــتُّ مُعَذَّباً

أحْسَسْــتُ أني مُذْنِــبٌ لَوْ تَشْــعُرِيــنْ

فـــي الْقيْدِ مُنـذ ولادتـــي وتُحيطُ بي

قُضْبانُ سِـجْنٍ ضَمَّنـي والْمُذنــــبينْ

مَــنْ ذا يُـهَدْهِدُنــي، إلَيْــهِ يَضُمُّنـي؟

أنتِ الحَنـــانُ وأنت عُمْري تُـسْـعِدينْ

رفْقــاً بحالـــي وارْحمـي لِطُفولـــةٍ

زَجَّتْ بهـا الأقْدارُ في دار السَّـجيــنْ

لا ألْعَــنُ الأقْدارَ، لسْـتُ مُـعــاتِبــاً

ولقـدْ خَرَجْتُ بِعِبْـرَةٍ للنّاشِـئيـــنْ

إنْ يُخْطِـئِ الإنْســانُ حسْـبُهُ تَوْبَــةٌ

أبْـوابُهــا مَفْتـوحَــةٌ للتَّائبيـــــنْ

أمّـــاهُ إنْ تَـكُ زَلَّــةٌ فاسْتَسْـمِحـي

واسْـتَغْفِري للهِ رَبّ العـالـميـــنْ

فلأنــتِ مَدْرَســةٌ وأنــتِ حديـقَـــةٌ

أزْهارُهــا هـذي الْبنــاتُ وذي البنونْ

تَرْجَمْــتِ كُـلَّ رسـالـةٍ بِأمــانـةٍ

منِّــي إلَيْـكِ وللأنــامِ فَتُشْـكَريـنْ

مديرنا ذكرناك*

أنــتِ المدارسُ إن ذكَـرْتِ مُديـرا
تَسْـتحْضري نُصْحــاً يُفيدُ دُهورا

فـــي قـاعَـةِ التَّدْريسِ أوْ سـاحـاتِهِ
أوْ فـي الإدارةِ لَمْ يَـزَلْ مَذكــورا

يَسْــقي لطُـلّابٍ كُـؤوسَ ثقـافـةٍ
سَـيَرَوْا لَعَمْري سَـعْيَهُمْ مَشْكورا

إنْ غـابَ فالتَّكْويـــنُ يَشْـهَدُ أنَّــهُ
رمْــزُ التَّـفانــي مِهْنَــةً وضَميـرا

لَسْــنـا نُوَفِّيـكَ الثَّنــاءَ مُديـــرَنا
حتّى وَإنْ رَسَـمَ الْيَـراعُ سُـطورا

أكادير – 28 أبريل 2015م

---

* أخبرنـــي الأســتاذ الفاضل محمدي ماء العينين ودادي، الأســتاذ بتكويـن المعلمين، بأن المعهد سيحيي يوماً دراسياً دورة المدير محمد الأغظف اسلمو بوناني، طالباً مني الحضور والمشاركة. استحسنت الفكرة، لكن إن عزَّ الحضور فاليراعة تنوب، فارتجلت هذه الأبيات التي إن دلت على شيء فإنها تحمل التقدير والإجلال لرجال التعليم.

ناداني الشوق

لُبـــابَ قَــوْمٍ سَــمَوْا بالطُهْــر والدّيــنِ

مُسِّــيتَ بالشِّــعْر فــي حضــن الرَّياحينِ

تُهْـدى ثغـوراً مـن الْقُحْـوان باسِـمَةً

وكُــلَّ زَنْــبَـقَــةٍ لُــفَّــتْ بنِسْريـــنِ

رَفْرَفْــتَ تَنْثُــرُ كالْحَسُّــون رائعــةً

فهـا سـنا الْعِشْـق مَنْثُـوراً علـى حيـنِ

وها شَـدا الشـعر مـن أنْغامـهِ رقصتْ

بنْــتُ الرُّبــى، وبنــاتُ الْفِكْـر تُؤْوينــي

لا لَــوْمَ فــي واحــةٍ غَنَّــتْ بَلابلُهــا

تُلامِـسُ الــرُّوحَ فـي نَبْـض الشَّـرايينِ

نادانِـيَ الـشَّـوْقُ مِـنْ فَـيْءِ الْحَساسـين

ورَجَّـعَ الْوَجْـدَ أنْغـامُ الـدَّواويـــنِ

كأنَّ باعِثَهـا بالْعِشْـق أنْطَقَهـــا

لِيَنْفُـثَ الصَّـدْرُ مـا أضْنـاهُ فـي الْحينِ

ويرْقـصُ الحرْفُ في وادي الهوى طرباً

يُناغِـمُ الشـعرَ فـي أنْـدى الْبَسـاتيـنِ

حتـى إذا ذكـر الأحبـابَ مُـدَّكــرٌ

عانــى مــن الْهَجْـر أضْحــى كالْمَجانينِ

وحــنَّ للأهْــلِ عَلَّ الْوَصْـلَ يُسْـعِــدُهُ

يــا وَيْــحَ مُدَّكِــرٍ يــا ويــح مَـحْــزونِ

لا بــدْعَ إنْ حَنَّــتِ الأطيـــارُ فــي زمن

قَــصٌّ الْجَنــاح مُبــاحٌ بالقوانـــيــنِ

داء البين

داءٌ هُـوَ الْبَيْـنُ لا يخفـى لعُـوَّادِ
فمـن يُواسـي سـقيماً حزنـهُ بادِ

داءٌ هُـوَ البيـن لا آسٍ يعالجـهُ
فمـن يرقُّ لحـال الرّائـح الْغادي

لقـدْ تَجـاذبَـهُ وَصْـلٌ بِـلا أَمَـلٍ
رَغْـمَ الحَنِيـن وهجْرٌ غَيْـرُ مُعْتَادِ

فصـار لا يائسـاً يُبْـدي تذمُّـرَهُ
ولا صَبـوراً تَحَـدَّى كيْـدَ حُسَّـادِ

فـلا تكُنْ يا أخا الأشـعار مُبتئِسـاً
وَسَـرِّ مُبْتَدِراً عن قلبـك الصّادي

في حضرة الشعر

يعتريني بحضْرةِ الشعر حالٌ
شطحاتٌ أو نشوةٌ في اعتلالِ

ثُمَّ أرْقى إلى مقامٍ عجيبٍ
في مجال الحروف أسمى مجالِ

همَستْ لي بعضُ الحروف وأخرى
كللتني بالطُهْر وشْيِ الدَّلالِ

والليالي تضيئها وشْوشاتٌ
أوْقَدَتْها مُسامراتُ السِّجالِ

فإذا بالأفْلاك زهْرٌ تلالا
وإذا بالأشْعار نور اللآلي

مُتْعَةُ الرُّوح في امتشاق حروف
واغتباق مزاج ذوق الوصالِ

إيناس

قامتْ نواديكم على الإيناسِ
حفَّتكُمُ الأمْلاكُ مِنْ آناسِ

دارتْ كُوَيْساتُ الْمُنى وفْقَ الْمنى
فالْمُحْتَسي ما مَلَّ رَشْفَ كِئاسي

نَتَبادلُ الأشْعارَ ليْسَ يَصُدُّنا
كيْدُ الْحَسودِ ولا هَوى الدَّسّاسِ

كُلٌّ يَرُشُّ حَنينهُ، وهُمومُهُ
ضادِيَّةٌ مَسْكوبةٌ في الكاسِ

قدْ وَحَّدَتْنا مِلَّةٌ وجراحُنا
في القدس في بغداد في الأوْراسِ

هذي منابرُنا ومَشْفانا فيا
أقْلامَنا للْمُشْتكي للْحاسي

متـى يعودُ لِحَيِّنـا إعْمـارُهْ؟

هَـلَّ الشِّـتـاءُ فَأدْمُعـي أمْطـارُهْ

وتـدفَّقَـتْ فـي وَجْنَتِـي أنهـارهْ

والـرَّوْضُ من غـرقٍ بكى مُتوجِّساً

فتشـابكتْ فـي داخلـي أزهـارُهْ

كـمْ بـاتَ قلبي روضـة لألاءةً

والْيَـوْمَ هـا شَـجَنٌ بـدتْ آثـارُهْ

عَصَفتْ رياحُ الحُـزْنِ تعْصِرُ خافقي

وا حـرَّ قلـبٍ هَـدَّهُ إعْـصـارُهْ

أيْـنَ الْمَفَـرُّ وذي الهمـومُ مُحيطـةٌ

لـمْ يَنفـعِ الْمَحْـزونَ قـطُّ فِـرارُهْ

إنّـا نُعانـي مـن تمَـزُّقِ شـملنـا

فمتـى يعـودُ لِحَيِّنـا إعْمـارُهْ؟

لا عهد للدموع

لا تبْـكِ عيْنُـكَ فالْهُمـوم يسـرُّها
مثـل الْعَـدُوِّ فـؤادُك الْمُتَصَـدِّعُ

مـاذا يُفيـدك إن أخذتَ مـن البكـا
عهْـداً قضى سـتظلُّ عيْنُـكَ تدْمعُ

أرجعْ أمـورك للـذي بدُعـائـه
عنا البـلاء جميعـهُ قـد يرفـعُ

فسـلاحنا الإيمـان قـوتنـا التـي
تأتي علـى جبروت عـاتٍ يطمعُ

رفهْ عـن النفس التي صدئتْ يذُبْ
شِـعْرٌ صـداهُ مُـرَدَّدٌ ومُـرَجَّـعُ

رفقاً بِجِسْمِهِ إِنَّهُ أَجْسامُ*

مَــنْ ذا الــذي يَحْلــو لَدَيْــهِ مَنــامُ
وَلِطــولِ لَيْلِــكَ أَنَّــةٌ وَسِــقــامُ؟

هــذي خُطانــا أسْــرَعَتْ لكنَّمــا
زَعَــمَ الأســى تتثاقــلُ الأقْــدامُ

فــي عُصْبَةٍ جِئْنــا الْحَكيــمَ وَكُلُّنا
أَمَــلٌ وَخَــوْفٌ والدَّقيقــةُ عــامُ

يــا مِبْضَــعَ الْجَرَّاحِ هــذا والِدي
رِفْقــاً بِجِسْــمِهِ إنَّــهُ أجْســامُ

إمَّــا اشْــتَكى أَلَمــاً شَــكَوْنا مِثْلَــهُ
بِأنينِــهِ تتــفــرَّعُ الآلامُ

---

* أصيب والدي، رحمه الله، بوعكة صحية نقلناه إثرها مسرعين للمستشفى، حيث أجريت له على الفور عملية جراحية؛ فكانت هذه القصيدة للمناسبة.

يــا مِبْضــعَ الْجَــرَّاحِ رِقَّ لِحالِنـا

كُــنْ بَلْسَـماً ذَلَّــتْ لَــهُ الأسْــقــامُ

لَـكَأنَّ لِلأسْـقامِ فـي أجْسـامِنــا

حَــقَّ التَّمَتُّــعِ أَوْ لَهــا أَحْكــــامُ

لَوْ قاضِيَ الأسْـقامِ أَصْبَـحَ عادِلاً

فالنَّقْـضُ لِلْحُكَمــــاءِ والإبْــرامُ

يــا أَحْكَـمَ الْحُكَمــاءِ إنّــا نَرْتَجي

ورَجــاؤُنــا بَــرْدٌ شَــفــى وسَــلامُ

فابْعَــثْ شِــفــاءً لا يُغــادِرُ سُــقْمَنـا

يَــأْتِ السُّــرورُ وتَنْجَــلِ الأوْهــامُ

شوال 1429هـ

ما ذا يريد الغرب؟

مهداة إلى كل من يحب الوطن

هِـيَ النّائحـاتُ الْيَـوْمَ تَصْـرُخُ قائِلَهْ
دَع النَّـوْمَ فـي لَيْـلٍ وجـافِـهِ قـائِلَـهْ

وكَيْفَ يَطيـبُ النَّوْمُ والشَّـرُّ مُحْدِقٌ؟
ومَنْ يَتَوَخّى الأمْـنَ والْحَرْبُ هائلَـهْ؟

تَفاقَمَـتِ الأحْـزانُ، فالْقَلْـبُ موجَـعٌ
تُقـاسِـمُـهُ الْبَلْوى مَدامِـعُ هـامِـلَـهْ

وإنَّ هُمومَ العُـرْبِ نابَتْ عن الكرى
وكَـمْ كـانَتِ الآلامُ للنَّـوْمِ حـائِـلَـهْ

فَمــا زالَ جُرْحٌ في فلسـطينَ نازفـاً

دِمـاءً، ولا تُرْعـى أرامِـلُ ثـاكِلَـــهْ

ومـا زالَ فــي حَيْفـا وفي اللـدِّ عُزَّلٌ

يموتون والأعْـداءُ تَبْـطِشُ غـائلَـــهْ

وطـالَ حِـصـــارٌ لِلْقِطـــاعِ وغَـــزَّةٍ

ويـاسِرُ يُخْفـي ثُـمَّ يُـبْـدي بَلابِلَـــهْ

ونَحْـــنُ قَبيـلُ الْعُـــرْبِ رَأيٌ مُشَـتَّتٌ

نُعَدُّ جَميـعـاً والْخِـلافـاتُ حـاصِلَـــهْ

نُحَكِّـــمُ خَصْـمـــاً بَيْنَنـــا ونُعينُــــهُ

على ظُلْـمِ أهْلينـا، نُقِـرُّ مَغـاوِلَـهْ

نُحابي، ونَسْـتَرْعي الذئابَ، ونشتكي
فَكَيْفَ نَسينـا أنَّـها غَيْـرُ عـادِلــهْ؟

كَأنّـا بِـأيْدينـا حَفَرْنـا قُبـورَنـا
جَعَلْنـا عَـدُوَّ اللهِ يَـبْــري مَـقـاصِلَـهْ

فلـسْـطينُ أنَّـتْ والْجَزيـرَةُ وَلْوَلَـتْ
وفي الْبَصْرَتَيْنِ الْجَوْرُ حَطَّ مَعـاوِلَـهْ

يَقولـونَ: يـا عُرْبُ الْعِـراقُ تطاولتْ
ومَنْ غَيْـرُ أمْـريـكـا غدَتْ مُـتَـطـاوِلَـهْ

ومـاذا يُريـدُ الْغَـرْبُ يا وَيْـحَ يَعْرُبٍ
سِـوى أنْ يَـرانـا أُمَّـةً مُـتَـخـاذِلَـهْ

أمَـا يَشْـهَدُ التَّـاريــخُ أنَّـا بخَـدِّهِ

مَـراجِـعُ وَشْـمٍ لَنْ يَراهُـنَّ حـائِلَــــهْ؟

عُـرِفْنـا جَميعـاً بالصُّمـودِ، وناقِصٌ

إذا نحنُ لَمْ نَسْــحَـقْ عَدُوّاً بِنَازِلَـــهْ

رَضَعْنــا مِـنَ الثَّـدْيِ الأثيلِ شـهامةً

ونُبْـلاً وإخْلاصـاً ورُوحَ مُـنـاضَلَــهْ

بِغَـزْوِ الْعِـراقِ النَّاكِصـونَ أذِلَّـةٌ

فيا عُـرْبُ ما ذَلَّتْ عَشـائِرُ باسِلَــهْ

وَهَـلْ نَشْـتَكي؟ كَلَّا، فَـإنَّ دِماءَنـا

فُراتٌ يُرَوِّي النَّخْلَ يَسْـقـي فَسائِلَــهْ

دِماءُ شَـهيدِ الأرْضِ تُنْعِـشُ رَوْضَنا

وتَمْلأُ كَأسَ الْحُبِّ، فالـرّوحُ نـاهِلَـهْ

فَحـيِّ الْعِراقَ الْحُـرَّ، حَيِّ أسُـودَهُ

ولا تَنْسَ دَوْرَ الأمَّهاتِ الْمُنـاضِلَـهْ

وبارِكْ خُطى الْخَنْسـاءِ رَمْزِ نِسـائنا

كَأنِّي بها يَـوْمَ الْكَريهَـةِ مـاثِلَـهْ

تُطـارِدُ عَنّا الخـوْفَ والوَهْنَ والوَنى

لِنَكْسِـرَ قَيْـداً حَبْلَـهُ وَسَـلاسِـلَـهْ

فَنَنْفُـض عَنّـا مِـنْ غُبـار مَعَـرَّةٍ

تَجُـرُّ عَلَيْنـا فِتْنَـةً مُتَماحِلَـهْ

إذا لمْ نجـدْ فِتيانَ يَعْـرُبَ في الْوَغى

دَعونا نُبايِعْ للْعِـدى الْمُتَحـامِلَـهْ

وهَـلْ نَتَّقـي للْحَـرْبِ إنَّ عُهودَنـا

مَلاحِمُ مَجْدٍ بالْبُـطـولاتِ حـافِلَـهْ

مَعـاذَ الْهـوى يـا نائِحـاتِ يَفُلُّنـا

غُـزاةٌ، وكُنَّـا عُصْبَـةً مُتَـواصِلَـهْ

جراحاتُنـــا تشـــفى بإحْــراز نصْرنـــا

وَمَـوصـولــةٌأرْحــامُنــاحَـيْـثُواصِلَــهْ

حُمــاة لِديـــنِ اللهِ نَحْمِـــلُ رايَـــــهُ

نُقَـوِّضُ رُكْنَ الشِّـــرْكِ أعْلاهُ ســافِلَـــهْ

لنــا دَوْلَـــةُ الإسْـــلامِ يـــا فَخْـــرَ عِزِّنـــا

لنــا النَّصْــرُ بالإيمان نــرْقى مَنــازلَـــهْ

19 مُحرم 1424هـ/ 22 مارس 2003م

دمعةَ الملهوف

سـرى من قبيلِ الأهلِ حزنٌ وهاجسْ
فهذي قلـوبٌ بيـن راجٍ ويـائسْ

ومـا وهْـدَةُ الأحـزان إلا تَقَلُّـبٌ
بلَيْلٍ على جَمْر الغضى والوسـاوسْ

وكيْـفَ يروقُ النَّوْمُ والشَّـرُّ مُحْـدقٌ
وهلْ يشتـكي من سُهْدِهِ جَفْنُ بـائسْ

فيـا أمّتـي ما أخْرَسَ الْحَـقُّ منطـقـاً
يذودُ عن الأوطـان فـي درْع فارسْ

ويا دمعةَ الملهوف أسْـقيْتِ في الربى
زُهَيْـرَةَ آلامٍ لِوَشْـي الرَّوامِـس

ستسْطعُ شـمسُ النَّصْـر فوق دُروبنا
تُكلـل أبْطـال الجهـاد الأشـاوسْ

السر غير مذاع

هَـلْ كـانَ فـي النـاس عدلٌ
غَيْـرُ الـذي فـي قِنـاعِ

قدْ سَطَّـر الْمَجْـدَ صَحْبٌ
أسـاسُـهُ عَـدْلُ راعِ

لـكِـنَّ قـوْمـاً أضـاعوا
في الْبَـذْخِ تِـلك الْمَسـاعي

يـا حـائـراً، لـسْـتَ تلقـى
مِـنْ عـادلٍ أو مُطـاعِ

لـو يُسْـعِـفُ النُطـقُ بُحْنا
فَالسِّـرُّ غَيْـرُ مُـذَاعِ

عازف الحزن

عَازِفُ الحُـزْنِ جَرِيءٌ لا يُبالـــي مَـنْ أَمَامَـهْ
عــوَّرَ العيـنَ غطــاءٌ ضمَّــد الثَّغْـر كمامـهْ
عينـه للنـــور تــاقت وعلـى النـور غمامـهْ
يــا لأمٍّ وصِـغــــارٍ قوتُهُـمْ فضْـلُ قُمَامـهْ
وســواهم في قُصُــورٍ قــد يُـؤَدِّي للندامــهْ
ضاع عـدلٌ وتلاشـتْ قيـمٌ كانـت علامــهْ

نشيد البوح

دُمْ يا نشــيدَ البوْحِ ذِكْراً في السَّحَرْ

دَغدغتَ قلباً مـا سَــــلا حتى ذكرْ

واملأْ كُويســاتٍ فما سَـمَرٌ حَــلا

دون ارْتِشافِ معارف تُجْلي الكدَرْ

كــاســات شــايٍ للنُهـى خمْرٌ فإنْ

شعْشــعتها بالشــعر راودْتَ الفِكَرْ

طــاب اللقـــاءُ بِخَيْمَـــةٍ وضَّـاءةٍ

بيــن الحروفِ ســميرُنا فيها القمرْ

بــدْرٌ إذا مـــا غــابَ عنَّــا ليلـــةً

اِسْـوَدَّ ليلُ مُســاجليه بل اعتكــرْ

وتســاءلتْ حورُ القوافــي مثلمـــا

يتســاءلُ الخــلانُ عمَّنْ في سَــفَرْ

فلسطين دمعة

لا وشَـرْعِ الجهـادِ لـمْ يَحْلُ عَيْشٌ
وفلسْـطينُ دَمعـةٌ مَسْـبولَـهْ

إنْ مُنِعْنـــا حَقَّ الْجِهـادِ بِسَـيْفٍ
قـدْ شَـهَرْنـا أقلامَنا الْمَسْـلولـهْ

ولبسْـنا الفخـارَ دِرْعـاً جهـاداً
رايـةُ النَّصْـر رفرفـتْ مَحْمولهْ

عـنْ رجـالٍ تَدَرَّعـوا ونِسـاءٍ
إذ ورثنا بسـالـةً ورُجـولـهْ

للعِـدى لا نهـابُ يَـوْمـاً ويوْمـاً
كُلُّ حَـرْفٍ رسـالةٌ منْقـولـهْ

الهوى قدسي

دارَة الإسْـلامِ، الْهَـوى قُدُسِـيٌّ

بَـلْ هَــواكِ تَسْـبيحَتي ونَشـيدي

مــا أظُــنُّ الأوْطــانَ يَرْقــى بَنوها

إنْ تَخَلَّـوْا عَـنْ حُبِّهـا بِشُـهـودِ

فـي عُيونـــي حَيْفا ويافــا وصبْرا

والْعِـراقُ الأبـيُّ رَمْز الصُّمودِ

كُــلُّ شــكْوى وأنَّــةٍ أوْ بُكــاءٍ

مِنْ مَـواويل لوْعَتي في قصيدي

مــا أرى الصَّمْـتَ مُجْدِياً في دِفاعٍ

عنْ حُقوقٍ يــا دارَتـي أوْ وُعــودِ

سَــأظَلُّ أدْعــو ورَبِّــي رَحيــمٌ

لاجْتِمــاع شَـمْلٍ قَريــبٍ بَعيــدِ

المربي والمريد

دَبَّرْتُ مـا أمْلـى الْمُـرَبِّـي لِلْمُـريـدْ

وتَرَكْتُ لِلْمِحْـرابِ ناسِـكهُ الْمُفيـدْ

صَـبٌّ يُسَـلِّمُهُ الْهُيـامُ إلـى الْمُنى

فَيُهَدْهِدُ الأشْـواقَ في القلبِ الْعَميدْ

دُنْيـاهُ تُغْـري بالْمُنـى، فَكَأنَّـهُ

لَمَّا يُبالِ مَصـائبَ الدَّهْرِ الشديـدْ

جافى الأحِبَّةَ كيْ يَعيشَ بِعُزْلَـةٍ

حتى يُذَوِّبَ شَمْعَةَ الْعُمْر الْوَحيـدْ

لا خِلَّ غَيْر الْحَـرْفِ بادَلهُ الْجَوى

لَمَّـا غَدا فـي عالَمِ الشِّـعْرِ الْفَريدْ

فـي لَيْلِـهِ الدَّاجي علـى مِشْـكاتِـهِ

مُتَبَتِّـلاً يَتَرَقَّـبُ الْفَجْرَ السَّـعيدْ

يا نبض التحدي

تالله يــا نبْـضَ التحـدِّي لا تَنُــوا
كلَّا ولا تَهِنــوا لكُـمْ دَعَواتـــي

روحي مـع التحرير في ســاحاتهِ
وتُعانِـقُ الميْدانَ فــي الوقفـــاتِ

لوْلاكمُو ما انقضَّ للصَّمْتِ الرَّهيـ
ـبِ جِدارُهُ وانفـضَّ جَمْعُ طُغــاةِ

بارَكتُ عَزمَكــمُو شــبـاباً قُدْتُمُو
لِمَسيرةِ الإصْـلاحِ فـي خُطُواتِ

أسـدٌ رجــالٌ حَزمُكُـمْ مُتَواصــلٌ
كـمْ خُلَّــةٍ أدْهَشْـتُمُو وعـــداتِ

خيَّبْتُمُو مَسْـعى الغشوم، وقدْتُـمو
مــنْ عانَدَ الأحْـرارَ للحَسَـــراتِ

ظامئ الثغـر

راضِياً تَبْدو وراضٍ قَمَرُ
حَكَمَ الدَّهْـرُ وزَكَّى قَدَرُ

يا فؤاداً ظامئ الثغر كفى
مِنْ تَأسٍّ يَعْتَريهِ الضَّجَرُ

لا تَدَعْ يا ربّ قَلْباً للأسى
لا حَياةٌ لَيْـسَ فيها ظَفَرُ

إنْ لَيالٍ حالِكاتٍ خُضْتها
فَعســى تَأتي لَيالٍ زُهُرُ

عذراً إن سطـا قلمـي

رَأمْتَ الحبْـلَ لوْ تدري　　　برغمِ مَصـائبِ الدَّهْرِ

سَـقانـا الهَمُّ كـاسَـتَـهُ　　　بإسْـرارٍ وفــي جَهْرِ

ومَنْ فــي عُزلـةٍ آسٍ　　　وَإنْ فــي مَهْمَــهٍ قَفْر

فـلا تَرْكـنْ لأحْــزانٍ　　　تُـذوِّب شَـمْـعَـة العُمْر

فعُــذراً إنْ سَـطـا قلمي　　　وناغـمَ مَطْلـع الفجْـرِ

رأيْتُ الشوق والذكرى　　　وأطيافـاً لنـا تَسْــري

فَمِنَّـا مَـنْ يُنـاغِمُهـا　　　بناياتِ الهوى العُذري

ومِنَّـا مَــنْ تُطــارِدُهُ　　　فَيَشْكـو الليْـلَ للفجْرِ

لداعي الشَّـوْقِ أشرعةٌ　　　رَسَـتْ في شـاطئ حُرٍّ

لتَبْلُـوَ من مُنى نَفْسـي　　　مَــنِ الغَـوَّاصُ للـدُّرِّ

حكايا الساهرين

للَّيالي والسَّــاهريــن حكـايــا

دَوَّنَتْهــا لَواعِــجُ الأشْــــواقِ

رَسَــمَتْهـا علـى الخُـدودِ دُموعٌ

مِنْ مِـدادٍ مُعَنْـدَمٍ فـي الْمَـآقـي

وإذا كَتَّــمَ الْهُيــامَ شَـغــوفٌ

أنْبَـأتْنـــا نَواظِــرُ الْعُشَّــاقِ

كَـمْ دَعا العاشـقيـن صَــبٌّ تَغَنَّى

أوْ مُحِبٌّ يَشْـكو الْجَوى باحتِراقِ

لَــوْ لَيَــالٍ رَقَّـتْ لِقَلْـبٍ تَلَظَّـى

أسْــعَـدَتْهُ رَغْـمَ الـنَّوى بالتلاقي

مركب العشاق

رسـا مركب العشاق في شـاطئ الهوى

فنورســه أشـجى وحلّــق في المهوى

يحــوم علــى الهُيَّــام يُبــدي اعتذاره

لأنــه صَـبٌّ لا تفـارقــه النجْــوى

دندنة

يُنَمْنِـمُ حَـرْفٌ تَغَنَّـى لِيَـهْ

بأحْلـى الْمواويــلِ إلْهامِيَـهْ

يُـوَشِّـي حُـروفـاً مُثَمِّنَــةً

بأحرفـه الْحُلْـوَة الْحـانِيَـهْ

ولا سِـيَّما إنْ شــدا هــائـمٌ

وَلــوعٌ بتِلـك القُـرى النَّائيَـهْ

يُدَنـِدِنُ للحُـبِّ وفْـقَ الْمُنـى

وكَـمْ أذُنٍ إنْ شـدا صاغِيَـهْ

تعاطَـى الهوى أهْلهُ وانتشَـوْا

وأدَّوْا رســالَتَهُمْ ســامِيَـهْ

شُـعورٌ زَكِـيٌّ يُداوي الأسـى

ويَنْشُـلُ نَفْسـاً مِـنَ الْهاوِيـهْ

اغتراب

بينـــي وبيــن أحبَّتـــي

كُتَـلُ اللـواعـجِ والعــذابِ

لا الوصـل يغبطنـــا، أمـــا

حــان الوصالُ لـذي اغترابِ؟

فلِمــنْ نُحَمِّــلُ وزْرَنـــا؟

ولمـن نُوَجِّـــهُ للـعتـــابِ؟

قَـدَرٌ بـأنْ نَهـوى، ونَطْـــ

ـــرُقَ للصَّبـابـةِ كُلَّ بـــابِ

كيف ننأى؟

إهداء إلى أم سلمى

ومضـــة الـــروح دغدغتنـــي بـــودٍّ

فـــي صدور مـــن أم ســـلمى وورد

إن حكت لامســـت أحاســـيس قلب

أو تغنـــت أذكت تبـــاريـــح عهـــد

كيـــف أخفـــي تعطشـــي لمـــدام

من رحيق الأشعار أو كيف أبدي؟

سلســبيل مـــن فيك عـــذب القوافي

أنعـــش الروح فانتشـــت دون حـــدٍّ

إيــه إيه يــا أم ســلمى فـــجودي

قطرة الحــرف منك نغمة ســعـدِ

كـم بخلت علـى القريض بوشـم

لمســات هذبتــها منـك تجـــدي

قد دعــا البــوح مســتهاما فلبـــى

لابســــا شــوقه وشبشـب وجـدِ

يتحـدى كل الحواجـز حتـــى

بارك الشـعر فـي يديـك التحدي

هــو ذا الشــعر ســابح فـي بحور

أنــت فيهــا المنار توحـي وتـهدي

كيـف ننـأى وذي القلـوب نـواد

نحـــن روادهــا بحــرٍّ وبـــردِ؟

فاس – 29 مايو 2010م

فيكَ طفولتي

نـــاغمْتُ فيك طُفــولتـــي وصِبـــايــا
فتَـرَنَّحَــتْ مَـعْـزوفـتـــي بحَشـــايا

أُرْقُــصْ عَـلــى دُفِّ الْـودادِ قَـــرَعْـتُـهُ
نــاغـــى كَـمـانــاً للْهَـنـــاءِ ونــايــا

واعْزفْ حَـبيبـــي للْمَحَـبَّـةِ لَـحْـنَـها
واطْــرَبْ وَرَدِّدْ أحْــرُفـــي وغُنـايــا

يــا ابْني حـفيدي هَـلْ عَـلِمْــتَ بأنَّ لي
عُـمْـــراً تَـجَــدَّدَ فـيــكُـــمُ، وَحَـنـايــا

أصْبَحْتُ كالأطْـفـــال أحْـمِلُ دُمْيَتـي
ولِمَـــنْ تَـصَبَّـــى نِـعْـمَـــة وعَـطـايــا

ونَسـيـتُ أنِّـي جَـدَّةٌ لــي صِبْيَةٌ

حَتّــى أتانــي زايِـدُ بِشَـكـايا

أدْرَكْـتُ قَصْـدَهُ إذْ ضَمَمْـتُ كِلَيْهِمـا

كُـلُّ السَّـعـادَةِ ذُقْتُهـا وابْنـايـا

أحْبَبْـتُ مالْعَيْنَيْـنِ حُبّـاً عـارمـاً

وغَمَـرْتُ أحْمَـدَ زايـدٍ بـهَـوايـا

مـا فــي التَّحَـدُّثِ بالــذي أعْطَيْتَني

إلَّا ثَنَـــاءٌ دائِــمٌ مَــوْلايـــا

يـــا رَبِّ للأسْـباطِ والأحْـفـــادِ كُـنْ

حَقِّقْ إلــهــي بُغْيَتـــي ومُنــايــا

واحْفَظْهُـــمُ، مِـنْ عَـيْنِ حـــاسِــدَةٍ

ومِـــنْ شَــرِّ النّـفــوسِ النّـافِـثـاتِ بَلايا

تــارودانت – 17 مايو 2012م

زمجر الشرُّ

دارتِ الْحـــرْبُ فنـــارٌ تَتَّقِـــدْ
وزنـــادُ الشَّـــرِّ لَبّـــى مَـــنْ فسَـدْ

واســتبــاح الْجَوْرُ أرضي وازدرى
مُـذْ تَمَلَّـــى بـالأذى مَـنْ يَسْـتبدْ

يــا بــلادي إننـــا أسْـدُ الشَّـــرى
لِفِـــداكِ الْيَـــوْمَ نســـعى قبْلَ غدْ

دارُنـــا الشـــام تُـــراثٌ صـــامـــدٌ
فاسْـــألـي التـاريـــخَ يُنْبئْـكِ بجَدْ

كلُنـــا عـــزمٌ وحـــزْمٌ فاعْلَمـــي
ســيْفنـــا الإيمـــانُ والـدِّرْعُ جَلدْ

دَاعِـيَ الحُـــزْنِ ينـادي فاصْغِـيَـنْ

يـا فـــؤادي لنـــداء معتـمـــدْ

زمجـــر الـشـــرُّ ودوَّتْ ريحُـــهُ

بأعـــاصيـــر وبـــرْقٍ ورَعـــدْ

لـيتَ شـعـري أين نـمضـي والبلـى

رهـن ظلـم حـلَّ فـي كُلِّ بلـــدْ

إن بكــى العاجــز يوْمــاً أو شــكى

ســوف يأتــي زمــنٌ يـبكـي الأسـدْ

رسالة أسير

سلام الله إخواني ... فإن الهجر يقتلني

وأحرى أنني عان ... غريب الدار والوطنِ

عذابي لست أذكره ... أسير الحجز والظغنِ

حصاري، ضيق أنفاسي ... يجللني به كفني

أناديكم أغيثوني ... فإن الذل يخنقني

وهل ترضون أحبابي ... شتات الشمل في زمنِ

به رأي السلام دعا ... بأن يكفي من الفتنِ

أغيثوني أحبائي ... فإن القيد يؤلمني

وإلا كنت يا قدري ... بلا أهل بلا سكنِ

وهيا حطموا قيداً | فأمي حان تكنفني
قد اشتقنا إلى أرض | عزيز الدار لم يهنِ
خطوتم في مسيرات | خطاكم خطو متزنِ
وأسمعتم لهيئات | نداء الشعب والوطنِ
بأن المغرب الأسمى | على الإيمان والسننِ

6 مارس 2005م

دومي ودام البوح

وقِّيـتِ منْ عَيْنِ الحسـودِ اللاذِعَهْ

يا نجْمَـةً بيْنَ المعارف سـاطعـهْ

رُقِّيـتِ بالحـرْفِ الـذي سَـطَّرْتِهِ

بالحقِّ في صُحُـفِ العقولِ اليانعهْ

منك المَواهِبُ فـي اطِّرادٍ كالندى

ولـكِ المواهِبُ صاغيـات طـائعهْ

هـذي العُقـولُ الناشـئاتُ صقلْتِها

وغمرْتِها بالعطفِ لسْتِ مُخادِعـهْ

حنَّكتِهـا مــن كلِّ تمْـرٍ ســائغٍ

يا نخلــةً بالطُهْر تسْـمو فارعـــهْ

دومــي ودامَ الْبَـوْحُ شـعراً ناطقاً

ما دام حرفٌ لليـراع مُطاوعـــهْ

هـذا دُعائي يـا أخيَّــةَ فاشـتفـي

لا تترُكي نفســاً تحبُّكِ جازعـــهْ

أكادير – 18 أكتوبر 2010م

فيض القريض

دَعِ الحُـروفَ تُعـاقِرِ أنمُلاً سَـكَبَت

فَيضَ القريضِ ووادي عَبقَرَ السّـاحِرِ

جِـنُّ المَفـازاتِ إن أنشَـدتُ قـافِيَـةً

غَنّـى وصَفَّقَ فـي الإخفاء والظاهر

أمّـا إذا دَغـدَغَ الإلهـامُ مَوهِبَتـي

هَـبَّ اليَراعُ ولبّـى حَرفِـيَ الثّائـر

دُنيـايَ غَـزلُ حُروفٍ لَسـتُ أنكُثُها

خُيوطُها النّورُ جَلّى الشِّـعرَ للشاعر

كَـــم لَيلــةٍ بـاتَتِ الأشــعـارُ مُؤنِسَـــةً

يُغــازِلُ البَوحُ فيهــا الوالِـهَ الســـاهر

رامَ اللســـانُ لِذِكـرٍ واستســـاغ لَـهُ

وسامَرَ الطَّيفُ طَـرفَ السّاهِدِ الفاتِـر

لا يَشــتكي سَــهَراً مِــن شَــوقِهِ دَنِــفٌ

أمســـى المُلازِمَ للمَحبـوبِ والذاكِـر

سطات – 20 سبتمبر 2017م

تطـوان فـاتنة

لبّـى القريـض نـداءات لتطوانــــا

وداعـب الطيف من تطـوان أجفانـا

تلـك الحمامـة ما شـدّت بسـجعتهـا

إلّا شـغوفاً رأى الإنشـاد تحنانـا

دعـا المحبُّ لوصلٍ يسـتطيب بــه

مقامـهُ فـي أهيْـلٍ حيثمـا كانـا

شوق الأحبة في الأحشاء مضطــرم

حتــى كأن فـؤادي لـفَّ نيرانـا

هل يطفـئ الدمع نـاراً كان أجّجهـا

في داخلي شـوق من أهـواه أزمانـا

لا يطفئ الدمعُ ما في الشوق من لهبٍ

يكوي الحشـــايا وإن ذرّفـــتُ غُدرانـــا

ما يســـعِدُ القلبَ إلّا الوصـــلُ يعقبــــه

دفـــءُ الحبيـــب ولا يحتـــاج برهانـــــا

واليوم كالأمس قد أحسستُ ملهمتـــي

تُملـــي علـــيّ مـــن الأشـــعار ألوانـــــا

لا غـــروَ إن قلت ذي تطـــوان فاتنـــــة

تجلو عـــن القلب أوهامـــاً وأحزانـــــا

ألفَيتُهـــا بلـــدةً طابـــت مغارسُـــهـــا

وأهلَهـــا الغُـــرّ أحـــراراً وشـــجعانـــــا

صِـف لـي جمالاً إذا أنكـرْت فاتنتـي

واسـألْ وسـائلْ عن التاريخ إسبانـا

ألمْ تكن شـامة يزهو الشـمال بهـا

ألـم تكـن للعُـلا رمـزاً وميدانـا

تطوان صغت حليّاً من سناك لِمــن

وخّـى لنيْـل العـلا أهدافَـه آنـا

تسبي حمامتُك البيضاءُ من عشقـوا

روحَ السـلام زرافـاتٍ ووحدانـا

شـعارك الملـك الميمـون طائـره

وتاجـكِ الحـرّ وشّـى منـه تيجانـا

أمّــا أنــا إن أكُــن حبّــرت قافيـــةً

مِن ذَوب روحي فليس الشعرُ خجلانا

لــكِ التحيّــة مــن ســوسٍ معطّـــرةً

يا من فتحت لأهل الشعر أحضانـــا

لــكِ التحيّــة مــن صحــراء مغربنــا

كأســاً مــن الشــاي للتقديــر عنوانــا

وسلّمي لي على الأحرار عن كثـــبٍ

ممّن أقاموا صروح المجد عرفانـــا

تطوان – 7 جمادى الآخرة 1431هـ/ 21 مايو 2010م

الشعب بارك عزمكم

مــاذا مــن الإســعاد والبركــــاتِ

لاقــت بــلادي هــذه المـــــراتِ

مــن طنجــة لكويــرة عــم الورى

بِشْــر فعاشــوا أســعد اللحظـــاتِ

أَنِسُــوا بِفعـل مُدَبِّـرٍ لا ينثنـــــي

عــن كل مكرمــة وإنجـــــازاتِ

هَذِيـكَ تنميــةُ إذن، بشــريــــة

تدعو الشــباب لفرقــة الغفـــلاتِ

أو تلــك تربيــةٌ سَــمَتْ بِيئِيَّـــــة

بالــروح عمّا يخــدش الزهــراتِ

فتمتعــوا بالزهــر قبــل ذبولـــــه

ما أجمــل الأزهار مــن نَضِـراتِ

إن الزهــور كمـــا نـــرى تهذيبهـــا

حق علـــى الناظورِ في الشـــتلاتِ

راقت كمـــا راقت مغـــارس أهلها

لا ســـيما فـــي أطيـــب الأوقــــاتِ

ناهيــك مــن وطن عهــدت رجاله

يتقاســمون وداده قســمــــات

حـــب البـــلاد فريضـــة فلتعلمـــوا

ضرب مــن الإيمــان والصلواتِ

وعلى المواطنة الصفوف توحدت

ربـوا عليهـا فتيـة وبنـــاتِ

إن المواطـن يرتقـي أبناؤهـــا

بـــمحبـة مـا خلفـت حسـراتِ

حـب دعانــي للتغنــي مغربـــي

مـا خلـت ينقص لا ولا حسـناتي

جاشــت به مني الخواطـر بعدما

وشــى ربيعـك سـائر العرصاتِ

فــإذا المرابـع مـن بها مستبشـر

لمـا اسـتحالت سـاحها جنـــاتِ

دعني وعيد العرش أسـعد فرصة

تبـدي الوفـاء تجـدد البيعـاتِ

فاهنـأ بـه عيداً سـعيـداً سـيدي

والله يحفظكـم مـن الآفـاتِ

الشـعب بارك في المدائن والقرى

مـولاي عزمكـم لحكـم ذاتـي

فتح العيون على العيون فأبصرت

همـم الملـوك بعزمـة وثبـاتِ

مـا شـاء ربي قـد تبـارك ربنـا

عاشـت بـلادي معـدن الخيراتِ

يا مسـعداً قلـب اليتيـم بنفحـــة

والمعوزيـن فباركـوا النفحـاتِ

لمـكارم الأخـلاق تدعـو دائمـاً

كـنـت المثـــال وقدوة لـسـراةِ

كـم دارة أسسـتهـا حتـى يـرى

بهـا التقـدم ثـــابـت الخطـواتِ

دار المواطـن فتّحـت أبوابـهـا

للعلـم والتكويـن في ورشـــاتِ

والطالبـات لهـن دار لـم تكـن

إلا نمـــوذج حشـمة وأنـــاةِ

حتــى الســجين بــداره لــم تنســه

خففت لــلأحــزان والــزفـــراتِ

فــإذا بــه قــد تــاب يرجــو رحمة

مــســتــغــفــراً لله مــن هــفـــواتِ

ناهيــك مــن درس أقيــم بمســجد

يمحــو الضــلال لمرشــدين ثقاتِ

حــظ الرجــال مــن التعلــم وافر

حتى النســـــاء حظوظهــا بمآتِ

لــو أســتطيع لعــد مــا أنجزتمــو

طَرَّزْتُ هــذي الأرضَ بالكلمــاتِ

فــالله أدعــو أن يوطِّــدَ مُلْكَكُــمْ

ويصونَكُــمْ فليســتجبْ دَعَواتـــي

العيون – الصحراء المغربية

يـا شنقيط

أرى مهجتي شـوق الربـوع يقودها

لعـل ديـار الأهـل يدنـو بعيدهـــا

فحتـــى متـــى تحيـــا الطيـوف بمقلتي

وحتـــى متى أخشـــى الليالـــي تؤودها

أزف إلـــى الأحبـــاب مـــن قبـل نلتقي

تحايـــا من الأشـــواق روحـــي بريدها

ســحابة شــوق حيثمـــا حـــام أمطرت

وداداً بـــه الآبـــار طـــاب ورودهـــا

وقطـــرة حـــب فـــي البطـــاح تحيلهـــا

إلـــى جنـــة غنـــاء تسـبي ورودهـــا

ألـم يـأنِ مــن شـنقيط ضـم متيـــم

منـاه مــع الأيـام يبقـى يعودهـــا

يصـــارع أمــواج الظــروف وبحرها

محيــط لعمــري للأمانـــي يبيدهـــا

هــوى ذكريـــات ليــس تبلــى جميلــة

حكايــا مــن الجــدات أمســى يعيدهـا

فأصبــح كالعصفــور نشـــوان حالمـاً

تطيــر بـــه الذكـرى تمــوج عهودهـا

يحــط علــى غصــن نضيــر يميــده

كأرجوحــة آلــى الوليــد يميدهـــا

ألـم تـدر شـنقيط بقلـب يحبهـــا

ترنـم رغـم البيـن فيـه نشـيدهـا

ولـوع تحـدى البين كسـر ســوره

فرقـت لـه الأيـام حتـى شـديدهـا

تغنـى بشـنقيط الفطيـم وإننـــا

نـرى السـعد إذ غنـى لأم وليدهـا

علـى القلب منقوش هواهـا ولم تزل

بـكل لسـان يسـتطاب قصيدهـا

نسـجناك يـا شـنقيط ثوبـاً يلفنـا

ومنـك ثياب الحسـن يزهـو تليدهـا

وصغنـــاك يا شـــنقيط عقـــداً مرصعـاً

تباهي بـــه الحســـناء يـــزدان جيدهـــا

مـــلأت كويســـات الهـــوى بمدامـــــة

معتقـــة في الحـــب يســـمو حميدهـــا

رفعـــت لـــواء الديـــن حبـــاً وطاعـــة

إليـــك ســـراة العلـــم تأتـــي وفودهـــا

محاظـــرك الأعـــلام عـــمّ شـــعاعهـــا

علـــى كل قطـــر فالعـــلا يســـتزيدهـــا

لأنـــت منـــار توجتـــه ثقافـــــة

يكللهـــا القـــرآن يحظـــى مريدهـــا

أنــا الصب أوهى روحــه بث أحرف

تفتــش عــن ذكــرى يهيــج بعيدهــا

أراعي بـِ (سوسٍ) و(الصّمار) مَحَبَّةً

لِشِـنقيطَ والأوطــانُ يرقــى ودودُهـا

أنــا القلب أضنــاهُ التَّوَلُـهُ والجَــوى

أضمــخ بالأشــواق إنــي شــهيدهــا

أنــا الشــعر بــوح ناغمتنــي هويــة

بخيمــة عــز لا يخــرّ عمودهـــا

أنــا الطفل يا أمــاه يلهمنــي الهــوى

وتوهمنــي الأحــلام أنــي ســعيدهــا

فضمــي إليـك الطفـل طــال فراقــه

تــري أم موســى فيه زال شــرودهـا

وقــري عيونــاً فــي بنيـك فإنهـــم

رمــوز وفــاء لا تضــل شــهودهـــا

وكونــي علــى علـم بــأن حنينهـــم

دعــاء قلــوب فــي لقائـك عيدهـــا

دعينــي أعفر فــي ثــراك مهيجتـــي

وبوركت من أرض يداوي صعيدهـا

مدينة سلا – المملكة المغربية

يوم الثلاثاء 1 /6 /2010م

همس الأشواق

سَـيَكتُبُ الهَمسُ أشـواقاً على الحَدَقِ
ويَرسُـمُ الحَرفُ ما تُمليـهِ في ورَقي

أعاقِـرُ الحِبـرَ والأقلامُ تَشـهَدُ لـي
كَـم ذا تَرقـرَقَ باللَّوعـاتِ والحُـرَقِ

هـذا المسـاءُ مسـاءاتٌ يحاوِرُهـا
عَتـمٌ مِنَ الخَـوفِ أو عَتمٌ مِـنَ القَلَقِ

لَكِـن سَـيزهُو صبـاحٌ تَنتَشـي مُهَجٌ
شامَت وِصالاً بِمَرأى النُّورِ في الأُفُقِ

حنـيـن

الْقَلْـبُ حَنَّ حَنيـنَ الْجِذعِ مُشْـتـاقـا
والـرُّوحُ تَـزْدادُ تحْنانـاً وتشْـواقـا

أكـادُ أُبْـدي لِمـا ضـاقَ الفُـؤادُ بِـهِ
ويُقْسِـمُ الصَّـدْرُ لا أُبْـدي وإنْ ضاقـا

وكَيْـفَ أكْتُمُ مـا يَصْبـو الْفُـؤادُ لَـهُ
والدَّمـعُ يَفْضَحُنـي لَوْ جـالَ رَقْراقـا

يُسائِلُ الصَّحْبُ عَنْ حالي، أما عَلِموا
مَـنْ حـارَ في خبَـرٍ يَسْـتَفْتِ أحْداقـا

هـذي حُروفي تَهاوَتْ باتَ يَرْسُـمُني
فيهـا الْمِـدادُ علـى الْخَدَّيْـنِ أوْراقـا

يـا باحِثاً فـي دُروبِ الوجـد يَذْرَعُها

قَلْبـي هُنـاكَ حَكايـا فَوْقَ مـا طـاقـا

مَوائِـدُ الروح فـي يَوْمَيْـنِ طَعْمُهُمـا

مُـرٌّ نَغَـصٌ بِـهِ والْحُلْـوُ قـدْ راقـا

مَسـيرَةُ الْعُمْـر أيّـامٌ نُهادِنُهـا

لِكَـيْ تَرِقَّ وحَسْـبُ الصَّـبِّ ما لاقى

هَبَّـتْ علـى قَـدَرٍ ريحٌ مُشـاكِسَـةٌ

مَـنْ يَغْتَنِمْ ريحَـهُ لَمْ يَصْـحُ إطْلاقا

سطات – 24 فبراير 2017م

سِرُّ الْحرْف

هوايتي نشْرُ سِـرّ الْحرفِ مِنْ نغـمِ

ألْحانُـهُ مِنْ تباريحـي ومـنْ ألمـي

ومِـنْ مُكابدةٍ في داخلــي شـطحتْ

مزْمارها الشوق أملاها على قلمـي

أمشــي وتتْبعُني الأشْواقُ فـــي زُمر

أوهى المسـيرُ نعـالاً أثقلـتْ قدمـي

إذا وقفـتُ أرى الأيّـام مُسْـرعـة

منْ فاتــهُ الرّكْبُ لا يجْني سِوى النّدمِ

أُحثحِثُ السّـيْـر لا أشْكـو مُـواصلة

أُسـابِقُ الرّكْب في عِزّ وفي شمـمِ

حتّـــى إذا دُهِش الرُّكْبـــانُ أوْ تعِبُـوا

رأيْتُ عزْمـي بآمالـــي وفي حُلُمـــي

لأُرْســـل الْحرْف فـــي الآفـاق أُغنيـة

تردادُهـــا نغـــمٌ يسْـري بـكُلِّ فـــمِ

فهكـذا الشِّـعْرُ إيمانـــاً وتْلبِيـــة

مِنْ ومْضةِ الرُّوحِ في إشراقـــة الكلِمِ

لا شـعر إلّا الـذي تُهْـدى زنابقُـــهُ

باقات حــب وتقديـــر لـذي رحـمِ

لا شـعـر إلّا الـذي لـمْ تخْتلـفْ أُمـمٌ

فـــي كوْنـــه منْبع الأخـلاق والقيـمِ

لا شـعـر إلّا الذي أذْكـى مشـاعرنـا

وناغم الْحـرْف فـي الأفراح والألـمِ

مِنْ ذوب روحـي ومنْ نـهْر الفؤاد سقتْ

يراعتـي أحْرُفـاً بالنّـون والقلـمِ

هـذا كلامٌ قديـمٌ بـات فـي أُذُنـي

يُلامـسُ الرُّوح مُذْ كـانتْ من الْعـدمِ

نقْـشٌ علـى اللّـوْح محْفـوظٌ وآيتُهُ

إضاءةُ الروح فـي الأنوار والظُّلـمِ

فهـذِّبِ النّفْس بالتّرتيلِ مُؤْنِسـهـا

فيـه الشـفاءُ لمـا يعروك مـنْ سـقـمِ

لقِّحْ صِغارك بالْقُرْآن تُعْطِ لهُمْ

كُلّ الْمناعة ضِدّ الْحِقْدِ والنِّقمِ

وارْسُمْ على شفتيْك الْحُب مُبْتسِماً

إنّ السُّرور يُحاذي ثغْرَ مُبْتسِمِ

وافْتحْ ذِراعيْك لِلْمحرومِ غنِّ له

لحْنَ الْحياةِ على قيثارةِ الْكرمِ

إنّي رأيتُ جميلَ الْقوْلِ مكْرُمةً

وأجْملُ الْقوْلِ والأفْعالِ في نُظُمِ

سطات – الاثنين 21 يونيو 2010م

يا سارِقَ الْهَمْسِ

يـا ســارِقَ الْهَمْسِ إمّـا لَيْلُنـا غَسَقـا
أَلَسْــتَ تَسْمَعُ إلّا الْبَثَّ والْحُرَقا

مـاذا تُـريدُ تَـرى غَيْرَ الدُّمــوعِ جَرتْ
أمْ تَسْتَطيبُ الْبُكـا كَيْ تُظْهِرَ الشَّفَقا

أَلَيْسَ يُرْضيكَ أَنْ بِتْنـا عَلى كَمَدٍ
والْقَلْبُ مِنْ كـاسَةِ الأَحْزانِ قَدْ شَرَقـا

لَــوْ ذاقَ قَلْبُكَ مــا ذُقْنـاهُ مِنْ وَلَـهٍ
لَذُقْتَ طَعْمَ الأَســى والْهَمَّ والْقَلَقـا

ماذا يَجيشُ بِصَدْري مِنْ أَسىً صُعِقَتْ
لَمّا تَغَلْغَلَ أَحْشــائي كَمَنْ صُعِقـا

مَـنْ ذا يُـواسـي ووَحْشُ الْهَجْرِ مِخْلَبُـهُ

قَدْ شَكَّ خاصِرَتــي واسْتَنْزَفَ الْحَـدَقـا

بـالَـغْــتُ إنْ أَشْـكُ بَثّـي عِنْـدَ كُلِّ لقـا

سِـيّـانِ إنْ سَـكَتَ الْمَكْلـومُ أوْ نَطَـقـا

مــا لِلْمُـتَيَّــمِ إلّا رَشْـفُ دَمْعَتِــهِ

إمّـا تَـذَكَّــرَ أَهْـلاً عَـنْـهُــمُ افْـتَـرَقـا

لَـهْفــي عَلـى مُهْجَةٍ في داخِلي أَرِقَتْ

مَـنْ ذا يُشـــاطِرُنـا يــا مُقْلَتــي أَرَقــا

يا ســـارِقَ الْهَمْسِ إنَّ الْهَمْسَ أَحْسَنُـهُ

مـا بـــاتَ مُنْكَتِمـاً لاثْـنَـيْــنِ قَـدْ وَثِقـا

إذا دعا الشوق

يـا فُـؤادي أراكَ تُـمْلـي عَلَيّا
بَعْضَ ما بـي فانْسـابَ شَـيْئاً فَشَـيّا

لَسْتُ أُبْـدي لَـواعِـجَ الْوَجْـدِ لَكِنْ
كَيْـفَ أُخْفـي؟ تَرْجَمْتَـهُ فـي الْمُحَيّا

لـي سُـؤالٌ مُحَيِّرٌ يـا فُـؤادي
أَنْـتَ صِنْـوٌ لِلْحِبْـرِ أَمْ مُقْلَتَيّـا؟

حينَ تُمْلـي يَراعَتـي لَـكَ تُصْغي
فَكَأَنّـي بِالْبَـوْحِ يـوحـى إِلَيّـا

لَـمْ تَذَرْ لـي شَـيْئاً نَسـيتُ وَعَهْداً
قَـدْ تَـوَلّـى طَـوَيْتُـهُ كُـنْـتُ طَيّا

تَرْسُـمُ الْوَجْـدَ مُخْبِتـاً في اشْـتِيـاقٍ

وهُـيـامـاً بَيْـنَ الْحَـنـايـا خَفِيّـا

دَبْـدَبــاتٌ أَمْ داخِلـــي هَيْنَمــاتٌ

ظَــلَّ قَلْبــي يَقْتـاتُ مِنْهُـنَّ حَيّا

أَتَـرى الشّـوْقَ والْـهـوى دَعَـوانـــي

كَـيْ أَزورَ الْحَـبيـــبَ يا قَلْبُ هَيّـا

إِنْ جَنـــاحُ الأَشْـواقِ أُسْـرِجَ يَـوْمـاً

خُذْ زِمـامـاً سـارِعْ وحُـثَّ الْمَطِيّـا

لا تَـقِـفْ دونَ طَـيْبَـةٍ فـي حِمـاهـا

حُطَّ أَدِّ السَّـــلامَ فـالـنَّبْضُ حَيّــا

تَتَمَلَّـى بِالْحُسْـنِ أَنّـى تَـراهُ

والْمَـدى مِنْ نـورِ الْحَبيـبِ تَـزَيّـا

كُلُّ شِبْرٍ مِنْ طَيْبَـةٍ يـا غَـرامـي

هَيَّجَ الذِّكْـرى واحْتَـوانـي مَلِيّـا

يا فُـؤادي رَدِّدْ مَـعـي وتَـرَنَّـمْ

حُبُّ طـه مِـنْ فَـضْـلِ رَبّـي عَلَيّـا

صَلِّ وسَـلِّـمْ عَـلَيْـهِ يا رَبِّ دَوْمـاً

مـا دَعـا الـدَّاعـي لِلصَّـلاةِ وحَـيَّـا

تارودانت – 5 ربيع الثاني 1443هـ/ 11 نوفمبر 2021م

أُذُنـي تُـدَغْـدِغُـها التَّراتيـلُ

أُذُني تُـدَغْـدِغُـها التَّـراتيـلُ التـي

في أَضْلُعـي مِـحْـرابُـهـا والْـمُـنْـشِـدُ

صَوْتٌ تَناهـى في الْمَسـامِـعِ لَحْنُـهُ

يُحْيـي الْقُلـوبَ ومـا يَـزالُ يُـرَدَّدُ

والطَّيْفُ عـادَ بِـذِكْـرَيـاتٍ بَـعْـدَ أَنْ

لُـفَّـتْ بِـمـاضٍ لَـيْـتَـهُ يَـتَـجَـدَّدُ

لَمْ تَطْوِ ذي الأَيّـامُ طَـيَّ سِـجِلِّـهـا

عَهْداً تَوَلّـى والْـمُـعـايِنُ يَـشْـهَـدُ

عَيْني وَقَدْ هَجَرَ الْكــرى أَيْقَنْتُها

تَرْعــى النُّجـومَ تـعُدُّهــــا وتُــعَـدِّدُ

بَيْنــي وبَعْضِ السّــاهريــن عَـلاقَــةٌ

فــي البثّ والإخْلاص، نُغْبَطُ نُحْـسَــدُ

وتُــدارُ كَأْسٌ لَيْسَ يَعْـرِفُ طَعْمَهــا

إلّا الــذي ذاقَ الْهـوى يَتَــفَـــرَّدُ

أولاد تايمة

إلماعات رمضانية

القلبُ صـــادٍ وكأسُ الحُبِّ مُترَعةٌ

بِهـــا إلَـــيَّ لتُـــروى غُلَّـــةُ الصّادي

نـــارُ الغـــرام لهيـــبٌ ليـــسَ يُطفئُهُ

إلّا ارتِشـــافُ وصـــالٍ كَاسَ عُوّادِ

رَفّ الفـــؤادُ رفيفـــاً ليـــسَ يُدركُـــهُ

ســـوى شـــغوف نقيِّ القلب مِسعادِ

من لـــم يزُر حِبَّهُ لـــم يلقَ محتضناً

مَـــن يَجفُ بالقُربِ لا يَدنـــو بِإبعادِ

مـــا لِلخُشـــوعِ إذا قلبٌ قَســـا وَطَن

مَـــن يَقسُ قَلبُهُ صـــارَ الآثِمَ العادي

وإن تَخَلَّـفَ عَن رَكبٍ لِوَسوَسَـةٍ

رَأى الوَسـاوِسَ لِلقاسي بِمِرصادِ

يا حَسـرَةَ القَلبِ مَغبونـاً يُحَرِّقُـهُ

زَفـرُ القَطيعَةِ نـــارٌ ذاتُ أَبعـــادِ

وليـسَ يُطفِئُ نارَ الصَّدِّ غَيرُ هُدىً

مِن مُزنَةِ الطُّهرِ إنعاماً مِنَ الهادي

طابَت، وما خبُثَـت، نفسٌ بِمَحمَدَةٍ

أحيَت مَراسِـمَها في قَلـبِ مِحمادِ

والـروحُ يَلبَسُـها شَـوقٌ ويَحمِلُها

تُذَلِّلُ السَّـيرَ لـِلآتـي ولِلغـادي

يُعانِـقُ الشَّـوقُ أرواحـاً يُواعِدُها

لتُـدرِكَ الرَّكبَ أو تحظـى بِميعادِ

يا بَهجَةَ النَّفسِ ترقى في معارجها

وتَسـتَطيبُ لِقـاءً غَيـرَ مُعـتادِ

مـا لِلمُـحِبِّينَ بُـدٌّ مِن مُؤانَسَـةٍ

تَسـلو بِها الرّوحُ في جَمعٍ وإفرادِ

والقلــبُ يَشــعُرُ بِالإســعادِ يَغمُرُه

إن يَلقَ مَحبوبَهُ فالسّــامِرُ الشّــادي

فــي حَلقَــةِ الذِّكــرِ أرواحٌ مُجَنَّــدَة

تُنــاغِــمُ الشَّــوقَ في بَوحٍ وإنشـــادِ

مــا النَّفــسُ تَغتَــرُّ باللَّــذاتِ لاهِيَةً

كالنَّفــسِ تُكبَحُ عَن غَيٍّ بِإشــهــادِ

25 يونيو 2016م

ترنيمة العاشقين

لحنُ الهَوى أُنْشُـودَةٌ أم لازمَـــهْ

نَغَماتُهـا للعاشـقينَ مُلازمـــــهْ

يا عاشـقينَ تردَّدتْ أصواتُهــم

مِحْرابُ قلبـي دَنْدَناتٌ جازمَـــهْ

إن التراتيـــلَ التـــي ردّدتُـمُ

أحْيَـتْ بقلبـي للغرامِ مَوَاسِـمَـهْ

فملأتُ كأسي من رحيقٍ نشيدِكُمْ

وطَفِقْتُ أشـرَبُ والأماني حائِمَهْ

لَكَأنَّنِـي مثل الفراشـاتِ التـــي

مــا رَفرَفَـتْ إلا بِـروحٍ هائِمَـهْ

هيَّا املؤوا الكاســاتِ قلبي مُغرم

إنَّ المحبَّــةَ للأحِبَّــةِ دائمَـــــهْ

عُلِّقت بُستانَ الجمالِ ولـــم أزلْ

ناطورَه عينــاً تحيــطُ براعمَـــهْ

حتَّــى إذا بــزَغَ النهــارُ تفتحــتْ

في خافقي زُهْرُ الأقاحي الباسِمهْ

أمّــا إذا عــادَ المســاءُ رأيتُـــهُ

بِزُهَيْرَةٍ من نَرجِسٍ فِيّ نائِمَـــــهْ

في داخلي نهــرُ الهوى مُتَدفِّــقٌ

وَجَوارحــي شُــطآنُهُ المتناغِمَــهْ

وبِأضلُعي بَحرُ الغـرامِ وَلُجُّـــهُ

وَقصائدي أمواجُــه المتلاطِمَــهْ

لــي دبدباتٌ في الفـؤادِ ترنَّــحتْ

هيَ وحدها للسِّــرِّ باتــت كاتِمَــهْ

فالذكريــاتُ بِحُلْوها أو مُــرِّهــا

غزَتِ الفُؤادَ حُشُودُها المُتزاحِمَهْ

وتحولُ بيني والنُّعــاسِ غَمامَــةٌ

لا سـيَّما إن تبدُ عينــي غائِمَـــهْ

منْ يا غرامي لــم يَذُبْ في حُبِّــهِ

لحبيبهِ مــا كان قَـــطُّ مُنادِمَـــهْ

للحُـبِّ بَصمَتُهُ علـى أرواحِنـا

وأنا أعيـشُ لِكيْ أدبِّـجَ باصِمَـهْ

أرْسَيْتُ في شَـطِّ الغرامِ قواربي

لِتظلَّ رُوحي فـي بُحورِ عائِمَـهْ

وأَديـنُ دينَ العاشـقين إذا هُـمُ

رَسموا لنا سُبُلَ المحبة ناعمـهْ

ما فرَّقوا للمُرسَـلينَ تمازَجَـتْ

أرواحُهـم للذِّكْـر ليسَـتْ ناقِمَـهْ

ندعـو إلى التوحيد فـي صلواتِه

حتى يُوَشِّـيَ بالدعاء مراسِمَـهْ

للمؤمنيـن أُخُـوَّةٌ وترابُـطٌ

في مُحْكَمِ التَّنْزيلِ وَشَّـحَ فاهِمَـهْ

فلنَتَّحِـدْ في عالمٍ زَرَعَ الأسـى

نَقْضِي على أَشْـجانِهِ المُتَفاقِمَـهْ

دينُ التَّسـامُحِ دينُنا ورسـولُنـا

أخلاقُـهُ بنَّـاءَةٌ لا هادِمَـهْ

سلا – الاثنين 24 مايو 2010م

جَسَّ الْهَوى كَبِدي

مــاذا تَقـولــون فـــي صَـبٍّ إذا وَقَفا

واسْتَوْقَفَ الشَّوْقَ، دَمْعُ الْعَيْنِ ما وَكَفا

يُحـــاوِرُ الْهاجِسَ الْمَنْفِـيَّ فـي طَلَلٍ

بَيْنَ الضُّلـوعِ تَوارى بَعْدَما انكشَـفا

حِكايَــةُ الْهاجِـسِ الْمَوْءودِ تَلْبَسُــني

تُــراوِدُ الْقَلْبَ حَتّــى قَــرَّ واعْتَرَفـا

جَسَّ الْهَوى كَبِـدي نَبْضي فَقُلْتُ كَفى

أَمــا تُـضَـمِّدُ جُرْحــاً داخِلي نَزَفــا

أولاد تايمة – مايو 2020م

حنين واشتياق*

قَـدَرٌ يا أَهْلَ الْهَـوى أَنْ تَصولوا

في بَـراري الْغَرامِ أَوْ أنْ تَجولوا

إنَّ لَيْلـي لَـوْ تَعْلَمـونَ طَـــويلٌ

والنُّجَيْماتُ مـا لَـــهُـنَّ أُفُـــولُ

بِتُّ أَرْعى النُّجومَ حَتّى احْتَوَتْني

واسْـتَبَدَّتْ بِخاطِـري تَسْـتَميلُ

ذِكْرَياتــي شَـريطُ مــاضٍ تَوَلّى

وفُـؤادي حَيْـثُ الطُّيـوفُ تَميلُ

* قصيدة شــاركت بها في ســجال بمنتدى الأندلس للأدب العربي، وشكراً للأخت الشاعرة فاطمة صابر، وللمشرفين على المنتدى الأدبي الراقي.

لا أَبـوحُ وداخِلـي أَلْـفُ سِـرٍّ
إنَّ صَـدْري بِالاِحْتِفـاظِ كَفيـلُ

بَيْـنَ نارَيْـنِ: غُرْبَتي واشْـتِياقي
فَمَتى يَحْتَفـي الْوِصـالُ الْجَميلُ

سَـدِّدوني يـا آلَ وِدّي يَكُـنْ لـي
حينَ أَلْـقاكُمْ شـاهِـدٌ ودَليـلُ

أولاد تايمة ـ المغرب

دندن وردّد

دَنْـــدِنْ مَتـــى هَـمَـسَ الْمَديــحُ ورَدِّدِ

واصْـــدَحْ بِـحُــبِّ مُحَمَّدٍ، قُمْ أَنْشِـدِ

جاءَتْـكَ تَرْقُـصُ ذي الْقَوافي تَزْدَهي

بِـمَـحَـبَّـةٍ مَوْصولَـةٍ فـــي الْـمَوْعِـدِ

إِنّــي لأَشْــهَـدُ يـا حُـروفـي أَنَّـــني

أَهْوى الْحَبيبَ الْمُصْطَفى وَلْتَشْـهَدي

كَـمْ بِتُّ مِنْ كَـأْسِ الْـمَـحَـبَّـةِ أَنْـتَـشي

طَـعْـمُ الْـهَـوى مَنْ ذاقَـــهُ لَـمْ يَـجْـحَـدِ

رثاء أحمد عبدون*

عَبْدَ السَّـــلامِ عَــزاءً خَـطَّـهُ قَلَـمي

نُـكــابِدُ الْـيَــوْمَ حُـزْناً بـالِـغَ الألَـمِ

تَبْكِـــي الْيَتـامـــى عَلى فُقْـدانِ كافِلِهِمْ

عَـبـدونُ أحْـمَـدُ نَبْعُ الْـجـودِ والْـكَـرَمِ

كَمْ كُنْتُ أَخْشـــى رَحيلاً حَزَّ في كَبِدي

وَمَـنْ يُـطـيـــقُ فِـراقَ السَّيِّدِ الْـعَـلَـمِ

مَـنْ لِلـصِّـغـارِ إِمـامـاً بَـعْـدَهُ وكَـفـــى

شَـهـادَةُ الـطِّـفْـلِ مَـهْـمـومـاً بِمِلْءِ فَـمِ

أَسْـدى أَيـادِيَ بـيـضـاً لَيْسَ يُـتْـبِـعُـهـا

مَـنّاً ولا نَــكَــداً فَـالْـجـودُ مِـنْ شِـــيَـمِ

---

* هـذه قصيدة في رثاء الرجل الطيب الحاج أحمد عبدون، رحمه الله وأسـكنه الفردوس، وبارك ذريته وكلأهم بعين عنايته.

قَدْ كـانَ مَـدْرَسَـةً أَعْلَتْ مُؤَسَّسَةً
لِلْعِلْـمِ «مَـرْيَـمَ» سَمّـاها ولِلْـهِمَمِ

ما مـــاتَ مَنْ خَـلَّفَ الأَفْـذاذَ مِثْلَكُمُ
في الدّينِ في الْخُلُقِ الْمَحْمودِ في شَمَمِ

لَقَدْ حَظيتُمْ بِـإِرْثٍ كَمْ نُبـارِكُـهُ
صُنْتُمْ عُهوداً لَهُ فـــي جَوْهَـرِ الْقِيَمِ

حَيّـاكُـمُ اللهُ يـا أَبْـنـــاءَهُ فَلَقَـدْ
أَثْلَجْتُمُ الصَّدْرَ بِالأَفْـعـــال والْكَلِمِ

فَلْتَسْـلَمـوا إِخْـوَتـــي واللهُ يَحْفَظُكُـمْ
مِنْ كُلِّ جائِحَـةٍ بِالنّـــونِ والْقَـلَـمِ

أولاد تايمة – فبراير 2020م

سلوى المحب

مـا خـــابَ مَـنْ يَلْقـــى لِحِبِّـهِ مَسْلَكـا
جـابَ الْمَـهـامِـهَ مـا تَوَخّــى مَهْلَكـا

مَـنْ بـــاتَ لِلْقَلْـبِ الْمُوَلَّــهِ حـاضِنـاً
حـاشـــا يُـلامُ عَلــى الصَّبـابَـةِ والْبُكـا

مَـنْ بـاتَ تَحْتَ سَـريرِهِ جَمْـرُ الْغَضى
مَـنْ ذا يُشـاطِرُهُ الأنيــنَ إِنِ اشْـتَكى؟

يـا مُشْــفِقِيـنَ شَـكا الْمُتَيَّــمُ حـالَـهُ
صـــالَ الْغَـــرامُ بِقَلْبِـهِ وتَمَلَّكـا

وأَحـاطَـــهُ رَجْـعُ السِّــنيـنِ فَلَـمْ يَزَلْ
بِالذِّكْرَيـــاتِ مُـطَـوَّقـاً أَنّــى اتَّكـا

فــي الْبَــوْحِ راحَتُــهُ وصَـمْتُــهُ راحَــةٌ؟

هــذا سُــؤالــي أمْ سَــبَقْتُكَ سُــؤْلَكــا

مــاذا سَــمِعْتُ مِنَ الذيــنَ تَـرَبَّصــوا

بِالْعــاشِــقيــنَ وهَــلْ رَأَوْهمْ نُـسَّــكــا؟

يــا عاذِلينَ دَعــوا الصَّبــابَــةَ والْجَـوى

مُــذْ عُلِّقــا وَجَــعَ الْمُعَنَّــــى أنْـهكــا

لا تُقْلِقــوا، مَــنْ هــــامَ يَوْمــاً قَلْبُــهُ

فَكَفــاهُ مِــنْ وَخْــزِ النَّــوى مــا أَدْرَكــا

إنْ تُنْصِفوا أَهْلَ الْهَوى أو تُسْعِفوا

أَلْفَيْتُمُ الْعُشّاقَ أَصْدَقَ مَنْ حَكى

لا تَتْرُكوا الْهَيْمانَ يَرْفُل في الأسى

لِيُشاكِسَ اللَّيْلَ الْعَنيدَ الْمُنْهكا

سَلْوى الْمُحِبِّ الْوَصْلُ أوْ نِسْيانُهُ

في زَعْمِ مَنْ خَبَرَ الْهَوى وتَمَسَّكا

يا وَمْضَةَ الْفَجْرِ الْمُنيرِ تَرَنَّحي

وهِبي الصَّبايا يَوْمَ عيدِك لَيْلَكا

هَـيّـا انْـثُـري عَـبَـقَ الْـوِدادِ وعـاوِدي

أَزِفَ الْـفِـراقُ فَـمـا نُـطيــقُ وأَوَشَـكـا

يـا وَمْـضَــةَ الـنّــورِ اسْـتَـرِدّي لَـيْـلَـنــا

مــا كــانَ يُـلْـفــى لَـيْـلُـنــا مُـخْـلَـوْلـكـا

زوروا الَـيــالــي الأُنْــسِ يـا أَهْـلَ الْـهَــوى

فَـقُـلُـوبُــنــا أَرْمــاسُــهــا مَـنْ شَـكّـكـا؟

العيون – 15 أغسطس 2015م

شَـيْخي

سَــلامٌ عَلَيْكُـمْ سَـيِّدي غايَتِـــي عُمْري

وشَـيْخـي الذي لِلـرُّوحِ غَــذّى ولِلْفِكْرِ

تَأَبَّطْـتُ كُنّاشـاً وَإنّـــي أَتَيْتُكُمْ

أَجُـرُّ مِنَ الأَشْـجانِ ما لَمْ يُطِقْ صَدْري

أَلَيْسَــتْ خُـدودُ الْباكِيـاتِ دَفاتِــراً

تُريكُمْ بِأَنَّ الدَّمْعَ ضَــرْبٌ مِنَ الْحِبْرِ

أَإنْ أَشْـتَكِ التَّقْصيـرَ فــي طَلَـبِ الْعُلا

سَتَسْـمَعُني شَـيْخـي وتَقْبَـلُ لِلْعُــذْرِ

أَحِـنُّ إلــى عَهْـدٍ بِقُرْبِـكَ زاهِيـاً

وما حَلَقــاتُ الْعِلْمِ تَخْلو مِــنَ الذِّكْرِ

وَلَسْـتُ لأَنْسَـى فـي الصَّباحِ تَحـاوُراً

وما كُنْتُ أَنْسَـى مِنْبَرَ الشِّعْرِ فـي الْعَصْرِ

وَذاتَ مَسـاءٍ لِلْحكـايـا نَصيبُهـا

فَيا مُتْعَةَ الأَسْـماعِ والنّـاطقِ الْحُـرِّ

أعِنّـي عَلـى التَّحْصيلِ أَوْ كُنْـتُ عُرْضَةً

لِجَهْلٍ تَفَشّـى حَيْثُ نَدْري ولا نَدْري

ولـي رَغْبَـةٌ فـي الْعِلْمِ إذْ أَسْـتَزيدُهُ

وإلّا فَـلا أُدْعـى بِبِنْتِ أَبـي بَكْـرِ

31 ديسمبر 2018م

صَدْري سِجِلٌّ

صَدْري سِـجِلُّ الْحَكايا والْمَواثيق

لَوْ كانَ مِنْ وَرَقٍ ضاقَتْ صَناديقي

مَنْ كانَ مِثْلي يَعيشُ الدَّهْرَ في كَمَدٍ؟

أكادُ أشْرَقُ في بَلْواي مِنْ ريقِـــــي

حَتَّـى أُمَيِّـزَ أَهْـلَ الْـوِدِّ أَعْرِفَهُمْ

ولَمْ يَخُنْ مَبْدَأ التَّخْمينِ تَصْـديقي

تطربني الأشعار

عَزْفٌ عَلى الْوَتَرِ الْحَسّاسِ أَحْيانا
يا ساكِبَ اللَّحْنِ زِدْ نَنْعَمْ بِمَغْنانا

ما زِلْتُ أَرْقُصُ لِلأَشْعارِ تُطْرِبُني
ماذا سَنَصْنعُ لَوْ ذا الشِّعْرُ ما كانا؟

الصُّبْحُ يَنْشُرُنا فُلّاً ورَيْحاناً
أَمَّا الضُّحى فَغَدا بالنَّشْرِ نَشْوانا

عِنْدَ الزَّوالِ بَدا زَهْرٌ يُناغِمُهُ
سِرْبُ الْفَراشِ وكُلٌّ مِنْهُما لانا

مُذَهَّباتُ الأَصيلِ النَّوْرُ رَصَّعَها
عَلى الْمُروجِ فَما أَبْهى عَشايانا

مَساؤُنا حَبَقٌ، آسٌ ونَرْجِسَةٌ
طابَ الْمَشَمُّ لَنا إِذْ طابَ مَمْسانا

أكادير – مارس 2021م

في القدس مرتع خاطري*

مهداة لكل من يعشق الوطن

آهٍ لِباكِيَــةٍ تُكَفْكِـفُ دَمْعَهــا
وتُلَمْلِـمُ الأحْـزانَ فــي كِتْمــانِ

صادَفْتُهــا فَشَـكَتْ إلَــيَّ هُمومَهــا
يــا وَيْــحَ قَلْبــي الضّائــقِ الْوَلْهانِ

لَكَأنَّــهُ الْقَــدَرُ الْمُحَتَّــمُ ســاقَها
يَوْمــاً إلَــيَّ لِتُجْتَلــى أحْزانــي

هَــلْ أَنْفُثُ الصَّـدْرَ الْمُوَلَّــهَ؟ طالما
عانــى مِـنَ الألَـمِ الْمُبَـرِّحِ عــانِ

---

* فــي إطار الاحتفال بالقدس عاصمة الثقافــة العربية 2009م، الذي أقيم بمدينة العيون، 6 يونيو 2009م.

إنَّ الـــذي لَــمْ أسْـتَطعْ إخْفـــاءهُ

مــا انْفَـكَّ يُقْلِــقُ راحـــةَ الإنْـســـانِ

جُــرْحُ الْعُروبَـــةِ بَلْ جِــراحٌ أثْخنتْ

ذابَ الْفُــؤادُ لِمـــا تـــرى الْعَيْنـــانِ

وجفـــا الْكـــرى حتَّـــى إذا راوَدْتُـــهُ

هَـــبَّ السُّـــهادُ مُدَغْدِغـــاً أجْفانـــي

هَـلْ تَنْعَــمُ الأجْفـــانُ؟ ما لَــذَّ الْكرى

والْعَيْــنُ تَرْمُــقُ بَطْشَـــةَ الْعُــدْوانِ

هــذي الْعُروبـــةُ داخِلي نَزَفَــتْ دماً

جُـــرْحٌ عَميـــقٌ داؤهُ أضْنانـــي

رَقَصَتْ علـى وَتَـرِ الأنيـنِ قَصائدي

والشِّـعْرُ مِنْ عَزْفِ الْهُمـومِ دَعانـي

لِلْقُـدْسِ أغْنِيَّـةٌ تَـرَدَّدَ لَـحْنُـهـا

فـي الأفْـقِ لـكنْ شَـدْوُهـا أَشْـجاني

حَـقٌّ علـى الشُّـعَّارِ أَنْ يَتَرَنَّمـوا

بِالْحُـزْنِ بالآهـاتِ بِالتَّحْنـانِ

إنْ لَـمْ يُـواسِ الشِّـعْرُ فـي أتْـراحِنـا

مـاذا يُفيدُ تَـرَنُّـمٌ وأغـانِ؟

في الْقُـدْسِ مَسْـجِدُنا الْمُقَـدَّسُ قَلْبُنـا

مُـدُّوا الْيَـدَيْـنِ لِغَـوْثِـهِ بِتَفـانِ

بَيْـتُ الْقَداسَــةِ لِلصَّــلاةِ نَوُمُّــهُ

حَــرَمٌ جَليــلٌ ضَمَّــهُ الْحَرَمــانِ

بــابُ الْمَغـارِبَـةِ الْمُحِبّـي أَرْضِهِـمْ

مِنْـهُ الْوُلـوجُ لِمَسْـجِدِ الرحمــنِ

تاريــخُ قُدْســي شــاهِدٌ بِمَحَبَّــةٍ

مَوْصولَــةٍ بِمَحَبَّــةِ الْعَدْنانــي

ودُروبُ قُدْســي أنْبَــأتْ بِـعلاقَــةٍ

قَـدْ أثْمَـرَتْ فــي الْمَغْـرِبِ الْيَقْظـانِ

فمِـنَ الْمُحــالِ تَــراهُ يَـوْمـاً صـامِتاً

والْقُـدْسُ يَبْكــي طِفْلُهــا ويُعانــي

الْقُـدْسُ تَدعـو للسَّـلامِ، أَلَـمْ تَكُـنْ
أرْضـاً زَهَـتْ بِتَعـايُـشِ الأدْيـانِ

والْقُـدْسُ عاصِمَـةُ الثَّقافَةِ، حَسْبُهـا
فَخْـرُ الْعُـلومِ نباهـةَ الْفِتْيـانِ

والْقُـدْسُ قُوَّتُهـا احْتِضـانُ شَـبابِهـا
لِلْعِلْـمِ والتَّحْصيـلِ فـي إيمـانِ

عـارٌ عَلَيْنـا أَنْ نَنـامَ وإخْـوَةٌ
أَسْـرى ضَحايـا الظُّلْـمِ والطُّغْيـانِ

أنـا مَغْرِبِـيٌّ حارَتـي ظَلَّـتْ هُنـا
في الْقُـدْسِ مَرْتَعِ خاطـري وكيانـي

دَمْعي جرى وَدَمُ الشَّــهيدِ على الثَّرى

شَــرَفُ الشَّـــهادةِ مُبْتَغى الشُّــجْعــانِ

أشْــفَقْتُ مِــنْ أُمٍّ تُشَـــيِّعُ طِفْلَهـــا

أَشْــفَقْتُ مِـــنْ شَــيْخٍ بِلا إسْــكـــانِ

وبَكَيْــتُ مِــنْ أَلَمٍ علــى تِلْـكَ الْقُرى

أطْــلال مَدْرَسَـــةٍ، نـــوى بُسْــتـــانِ

والْـوَرْدُ فــي عَلَـفِ الْمَواشــي ذابِلاً

يَشْـكو الْمَعـاطِـنَ تائِقـاً لِتَهــانِ

يــا حَسْـبِـي اللهُ الْقَديــرُ مِــنَ الـذِ

يــنَ تَلَـذَّذوا بِزِراعَــةِ الأشْـجانِ

وتَواطَـؤوا مَعَ غـاصِـبٍ لا يَرْعوي

عَــنْ جَهْلِــهِ قُدْسِـيَّـةَ الأوْطــانِ

حوار بين الزهور

قــالــتْ تُســائلُ رَوْضــي زهْرة الآسِ

بيْن الزهــور: أمــا أدْركْتَ إحْســاســي؟

أيْن السَّــمَـرْمَر والْحَسّــونُ هلْ رحــلا

أين الشــوادي؟ تَذكَّرْ لَسْـتَ بالنّـاسـي

واذكر ثغــور الأقــاحـي حين بسْـمَتها

ظلّتْ شــراك عيــونٍ بتْنَ أنّــاســي

عيــون نــرجســك الْوسْنـانــة انتبهتْ

يومـــاً على رقـص أفنـــان لأجْـراس

والْيَــوْمَ حَلَّ ربيـــعٌ خلْتُ يُسْــعدُنــا

يُضَـمِّـدُ الْجُـرْحَ للْمَكْلوم والآســـي

قلبي

قَلْبــي الــذي أَحْيـا بِهِ لا يَسْـتَقـي
مِــنْ غَيْر نَـهْرِ الْحُبِّ أوْ يَتَـوضَّــأُ

نَـهْرٌ بِـبـابــي مُـــذْ تَـرَقْـرَقَ ماؤُهُ
لــي غَـرْفَـةٌ مَـــنْ ذاقَـهـا لا يَظْمَــأُ

كَأْس الْوِصَــال

نَزيلُـكَ ضَيفـاً يَسْـتَقي خَمْـرَةَ الْمَغْنــى
وساقي الْهَـوى مـا ملَّ يَوْمـاً ومـا ضَنّـا

ويـا طالَمـــا حَـــنَّ الْفُـــؤادُ ولَـــمْ يَـزَلْ
يُـكـابِـدُ إنْ أَبْـدى وأُخْــرى إذا كَـنّــا

يُنـيـرُ دُروبَ الْـعِـشْــقِ نـورٌ تَـلألأَتْ
بِداخِـلِ مَــنْ يَهْوى فَوانيسُــهُ تَسْـــنــى

تَـطـيــرُ بِــهِ الأَشْـــواقُ حَـتّـــى كَـأَنَّـــهُ
تَراءى لَهُ الأَقْصــى مِنَ الأَهْـلِ والأَدْنــى

أولاد تايمة – 4 نوفمبر 2021م

لا تَعْجَبوا

مَـنْ يَشْــكُ طولَ النَّوى إنّي أرِقْتُ بَهِ

لا تَعْجَبــوا، سَــهَري وَكّلْتُـهُ حَـدَقـي

قالـوا: سَــهِرْتِ؟ أجابَ اللَّيْـلُ: دَيْدَنُها

أنْ لا تَنـــامَ فَـأتْلــو ســورَةَ الْفَلَــقِ

26 فبراير 2017م

الْقَلْبُ يَخْفقُ لِلْحَبيبِ

الْقَلْبُ يَخْفُقُ لِلْحَبيبِ وَيَرْتَقي
تَقْتاتُ روحي مِنْ هَواهُ وتَسْتَقي

أَدْمَنْتُ لا أُخْفي تَمَطُّقِيَ الْهَوى
لَمْ يَدْرِ طَعْمَ الْحُبِّ كَالْمُتَمَطِّقِ

جِسْمي مَتى ذُكِرَ الْحَبِيبُ تَجَدَّدَتْ
طاقاتُهُ بِالْحِسِّ أَوْ بِالْمَنْطِقِ

وجَوارِحي فَعَلى خُطايَ ورُبَّما
سَبَقَتْ إِلى حَيْثُ الْحَبيبُ لِتَلْتَقي

مَنْ كانَ صَبّاً عاشِقاً مُتَوَلِّهاً
ما انْفَكَّ يَسْعى لِلِّقاءِ الشَّيِّقِ

يا غُرْبَةَ الرّوحِ

لَيْلي أرِقْـتُ بــهِ والْقَلْـبُ مُلْتاعُ
أَمّــا النَّهـارُ فَتَـذْكارٌ وأَوْجـاعُ

يا غُرْبَةَ الرّوحِ في أَهْلٍ وفي وَطَنٍ
هَـلاّ تَيَقَّنْـتِ أَنَّ الْهَجْـرَ أَنْـواعُ

أولاد تايمة – 9 ديسمبر 2021م

لَيْتَ قَلْبي

لَـيْــتَ قَلْبـــي يُطيـــع حَتّــى أراهُ

شَــــتــلاتٍ لِلْـحُــبِّ لا مـــا سِـواهُ

أَيُّـها الْـحَـرْفُ أنْـتَ مِنّــي فَـهَـيّــا

نَـرْسُـــمِ الْحُـبَّ نَـجْـتَلــي مَـعْـنـاهُ

فيكَ صَمْتي وفيكَ صَوْتُ سُكوتي

اَنْـتَ بَـوْحٌ بِداخِلـــي مَـسْــــراهُ

لِي الْكَرى مُذْ هَجَرْتُ هَجْراً جَميلاً

أَرْسَـلَ الطَّيْفَ حــامِلاً شَـكْـــواهُ

لَكَأنّي أُصْغــي إلَى الطَّيْفِ أَرْنـــو

يَـتَـمــاهــى فـي خاطِري فَاحْتَـواهُ

مَنْ سَميري والنّاس ناموا وغَطّوا

غَيْرُ حُــبٍّ فــي خـافِقي سُـكْـنـاهُ

مَـنْ أكـونُ أنـا؟

حَــرْفٌ ومِـحْبَـرَتــي سِــرٌّ وأَوْرادُ

ومَنْهَلــي الْحُــبُّ أسْـقانيـهِ أَجْــدادُ

في واحَتي خَيْمَــةٌ بالأُنْسِ قَدْ خَضِلَتْ

نَخيلُهــا إنْ هَـزَزْتُ الْجِـذْعَ مُنْقــادُ

مِـحْــرابُ روحي تَراتيــلٌ وأَدْعِيَةٌ

وداخِلـي راقَـصَ الْوِجْـدانَ إنْشــادُ

فَمَــنْ أكــونُ أنـــا إنْ كــانَ مُنْتَبَذي

بَيْـنَ الرُّفـوفِ وأوْراقــي هِــيِ الزّادُ

كاســاتُها بِرَحيقِ الْعِشْــقِ إذْ مُزِجَتْ

وقَـدْ يُشَعْشِـعُها نُصْـحٌ وإرْشـــادُ

أنــا التــي شــاقَني حُــبٌّ لِمَعْرِفَــةٍ

يَسْـمو بِهـا الْعَقْـلُ والإيمانُ يَـزْدادُ

مَعــارِجُ الشَّــوْقِ تُدْنينــي عَلــى أَمَـلٍ

وأُمْنِياتــي لِقــاءٌ فيــهِ إِسْعــادُ

أنــا التي مِـنْ فُيـوضِ النّورِ مِسْـرَجَتي

يُضــاءُ مُعْتَكَفــي مِنْهــا فَأَرْتــادُ

لـــي عُزْلَــةٌ وبَنَـــاتُ الْفِكْـرِ تُؤْنِسُـــني
وخافِقِـــي كَلِســـاني الْحُـرِّ مِحْمـــادُ

إنّـــي أَضِـــنُّ بِرِجْلـــي عَـنْ مُخـالَـطَـــةٍ
يَصــولُ فيهـــا الأذى تَرْعـــاهُ أَنْـكـادُ

أَغُضُّ طَرْفي وأَخْشـــى أَنْ يَرى بَصَري
فِعْـلاً دَنـيـئـــاً ووَجْهاً فيـــهِ أَحْقـــادُ

أولاد تايمة – 14 ذي الحجة 1438هـ/ 26 أغسطس 2018م

منبر الوجدان

مِــنْ مِنْبَــرِ الْوِجْــدانِ دَعْــوَةُ ذاتــي
أَنّــي أُقاسِــمُ مُهْجَتــي شَــطَحاتــي

فــي مِنْبَرِ الإلْهــامِ تَسْــجُدُ أَحْرُفي
ويُسَــبِّحُ الإبْــداعُ فــي كَلِمــاتــي

مِحْــرابُ مُنْتَبَــذي أبيــتُ لِنَبْضِــهِ
أتْلــو أُرَدِّدُ أحْــرُفــي بِأنــاةِ

عِشْــقٌ يُغــازِلُ مَعْبَــدي مُتَرَنِّمــاً
فَأُعــاقِــرُ التَّرْتيــلَ والسُّــبُحــاتِ

والشَّــوْقُ دَغْــدَغَ مَكْتَبــي فَأَهــاجَ لــي
ذِكْــرى تُهــادِنُ خافِقــي بِصُمــاةِ

إنّـي رَأَيْتُ الْحَـرْفَ يَرْقُصُ داخلـي

مُتَمَرِّداً يَمْشـي علـى خَطَواتـي

أَأَبـوحُ أَمْ أُخْفـي، لِسـانـي حائِـرٌ

مَـنْ ذا يُعيـرُ لِسـانَهُ ويُواتـي

الْوَجْـدُ أَرَّقَ واسْـتَباحَ مَحاجـري

والسُّـهْدُ نادَمَ واسْـتَقى عَبَراتـي

مُهادَنة

وَلَيْلٍ مَرَّ طالِعُنا سَعيدُ
أنا والطَّيْفُ والْقَلْبُ الْعَميدُ

ثَلاثَتُنا عَلى قَدَر كَأنّا
لِغابِرِ ذِكْرَيات نَسْتَعيدُ

وَمَن حَكَمٌ سِوايَ لِذَيْنِ حَتّى
يُحَكَّمَ فيهِما وأنا الشُّهودُ

لِساني أَحْرُفي قَلَمي وحِبْري
أَنايَ عَن الأنا لَسْنا نَحيدُ

إذا طافَ الْخَيالُ أَصُدُّ عَنْهُ
وأَنّى يَزْجُر الطَّيْف الصُّدودُ

* قصيدة بعنوان «مهادنة» شاركت بها في سجال منتدى الأندلس للغة والأدب.

مَتــــى حَنَّ الْفُــؤادُ أَقــولُ رِفْقـاً

لَـعَــلَّ مَــنِ انْتَــأى عَنّـا يَعــودُ

يَزور الطَّيْـفُ غِبّاً ثُمَّ يَمْضـي

ويَرْكُـضُ خَلْفَه نَبْض عَنيدُ

نُهــادِن ذي الطُّيــوفَ وبِالْحَنـايـا

قَد الْتَصَــقَ الْمَـواثِقُ والْعُهـودُ

20 فبراير 2019م

لا أَضِلُّ دَرْبـي

إنْ تَشـابَهَتِ الـدُّروبُ فَدَرْبـي

ضَمّخَ الْعِشْـقُ أَرْضَـهُ وسَـماءَهْ

لا أَضِـلُّ دَرْبـي، فَيَوْمي ولَيْلي

نَـوّرَ الْعِشْـقُ صُبْحَـهُ ومَسـاءَهْ

لـي حُروفٌ مِـنَ السَّـماءِ تَبَنَّتْ

كـانَ صَدْري لَـهـا فَكـانَتْ وِجاءَهْ

اَلْـحُـروفُ أَسْـرارُ كَـوْنٍ بَديـعٍ

نَـمْـنَـمَ الْـوَحْـيُ بَـدْأَهُ وانْـتِـهـاءَه

أبى الْعيدُ

أبـــى الْعيــدُ إلاّ أنْ نُكَفْكِـفَ دَمْـعَـــةً

ويَرْفُــضُ داعـي الْحُزْنِ أَنْ نَتَبَسَّـــما

فَمــاذا علـى الأحْــزانِ لا دَرّ دَرُّهــا

إذا ابْتَسَـمَ الْمَكْلــومُ أوْ إنْ تَرَنَّـــمــا

أمــا آنَ لِلأيّــامِ أَنْ تُذْعِـنَ الأَســـى

تُنَكِّـسُ أَعْـلامَ الإذايَــةِ كُـلَّمــــا

وتُغْمِـدُ سَـيْفـاً فــي عُيونِ حواسِـدٍ

تَعَـوَّذَ مِنْهــا مَــنْ شَـكـــا أوْ تَألَّما

لِمَنْ يَشْـتَكي الْمَصْدورُ بَعْضَ هُمومِهِ

وقَدْ عَمَّتِ الْمَــأْســاةُ يا مَــنْ تَوَهَّـما

فَجُلْ فـــي بِلادِ الْعُـرْبِ دونَ تَحَيُّزٍ

تَـرَ الْحُـزْنَ في الأَحْيــاء حَطَّ وخَيَّما

نُبــارِكُ عيــداً بَعْـدَ عيـدٍ تَفــاؤُلاً

ونَرْشُـفُ دَمْعـاً لا يَجِـفُّ وقَدْ همــى

ومـا كُلُّ ما يَجْـري احْتَوَتْهُ يَراعَتـي

ولَكِـنَّ إيجــازاً أَلَــمَّ وأَعْلَـمــا

دَعَوْنــا ونَدْعـو اللهَ أنْ يَحْمِيَ الْحِمـى

عَسى يَفْرَحُ الْمَكْروبُ في الْعيدِ بَعْدَما

أولاد تايمة – عيد الأضحى 1439هـ

هَـواجـس

أَرانِــيَ كالْمُشـتـاقِ والشَّـوْقُ هاجِسُ

تُؤَجِّجُـهُ بَيْـنَ الضُّلـوعِ وَسـاوسُ

طَوَيْنا عُهـوداً يَرْفُضُ الْبـالُ طَـيَّها

تُتيـحُ طيـوفٌ نَشْـرَها وتُهاجِسُ

إلـى مَنْ يَحِـنُّ الْقَلْبُ أَصْبـو وأَكْتَفي

بِطَيْـفِ خَيـالٍ إذْ أَلَـمَّ يُؤانِــسُ

يُحـاوِرُنـا طَيْفٌ ويَرْسُـمُ هَمْسَـنـا

علـى صَفَحـاتِ الدَّهْـرِ لا يَتَقـاعَسُ

يُخَبِّـرُ عَنْ عَهْـدٍ طَوَيْنـاهُ مِثْلَـمـا

تُخَبِّـرُ عَـنْ تاريـخِهِـنَّ الْمَجالِسُ

لِـكُلِّ حديـثٍ نَـبْـرَةٌ تَـسْـتَـفِزُّنـا

وأحْـرى إذا فـارَ الْيراعُ الْمُشـاكِسُ

نُكَفْكِـفُ دَمْعـاً لا نُطيقُ انْسِـجامَـهُ

ولَيْـسَ لِدَمْـعٍ قَـدْ تَـرَقْـرَقَ حـابِسُ

تَبُـثُّ الْقوافـي مـا نُكَتِّمُ تَرْتَـجي

بلـوغَ الْمَـدى فـي الْبَـثِّ أمْ تَتنافَسُ

لَدَيْنـا صُكـوكٌ لِلْـودادِ نَصونُـهـا

فيـا رُبَّ صَـكٍّ لـمْ يَضِـرْهُ تَـدارُسُ

أكادير – 11 أكتوبر 2018م

يا بُلبلةّ

الشِّــعْرُ يَرْقُصُ داخِلــي ويَقولُ لي
بُوحــي إلَيْـهِ تَرَنَّـمـي يـا بُـلْـبُـلَـهْ

مُـدّي جَنـاحَـكِ حَوِّمــي بِفَضَـائِـه
وتَنَسَّمــي عَبَقَ الْحُـروفِ الْمُهْمَلَهْ

ومُـنَـقَّـطــاتِ كَمْ تَـذوبُ بِـمَزْجِـهـا
بِـعِـنـاقِـهـا لِلْـمُـهْـمـلاتِ مُـكَـمِّـلَـهْ

بِالْحَــرْفِ بالحَرْفَيْــنِ رَصَّ لُغـاتِـه
مِنْ دَبْدَبــاتِ لِلأمـانــي الْمُطْفِلَهْ

هَيّا اسْــبَحي في لُجِّ فَيْضِ مَشاعري
غوصي تَرَيْ دُر الْهوى ما أجْمَلَهْ

أوْ ســافِري بَيْــنَ الْقصائِــدِ والْمُنــى

عَبْرَ الْمَـدى فَبَنـاتُ سَعْـدِكِ مُقْبِلَـهْ

وتَرَفَّقــي فَالْقَــوْمُ فيـهِمْ عـاشِــقٌ

مُـتَـوَلِّـهٌ بالشِّــعْرِ يَـرْجـو تَكْمِلَـهْ

مـا زالَ يَنْثُــرُ لِلأُنـوثَـةِ عِـطْرَهـا

بَيْنَ الْحُروفِ ومِـنْ جُفـونٍ أَسْبَلَـهْ

أكادير – 16 يناير 2017م

سلوا قلبي

سَـلــوا قَلْبــــي لَقَـدْ ذاقَ الْعذابـا
فَكَيْـف يُطيـــقُ بُعْـداً واغْتِرابـا

سَـلـوهُ ولا تُلِحّـــوا، قُلْـتُ رِفْقـاً
إذا اسْـتَعْصى الْجـوابُ فمـا أَجابـا

أُكـابِـدُ ثُـمَّ أُخْفـــي كِـدْتُ أُبْـدي
مِـنَ اللَّيْعـاتِ مـا بَلَـغَ النِّصـابـا

سَـلونـي تَعْلَمـــوا مِنْ بَعْـضِ ما بي
أُنَـهْـنِــهُ آهَـــةً فَقَـدَتْ صَوابـا

تَمَـرَّدَتِ الدُّموعُ عَلـــى جُفـونـي
وعـاقَرهـا السُّـهادُ، فَهَـلْ تَـغـابـى

ومَـنُ مِنْكُمْ يَـرِقُّ لِحَـالِ قَلْبِـي

فَـلا زَجْـراً تَحَمَّـلَ أَوْ عِـتَـابَـا

أَلَيْسَ مَنِ امْتَطى الأَشْـواقَ يَرْجو

مِنَ الْمَحْبـوبِ يَقْتَرِبُ اقْتِرابَـا

دُروبُ الْعِشْقِ يَذْرَعُهـا اتِّبَـاعاً

ويَقْـرَعُ لِلْهَـوى بَـابـاً وبَـابَـا

أَنـا والْقَـلْبُ نَشْـرَبُ مِنْ مَعِيـنٍ

قَدِ احْلَوْلى فَسَـاغَ لَنـا وطَـابَـا

كَذلِـكَ دَأْبُ قَلْبِـي فـي انْتِشَـاءٍ

إذا ذُكِـرَ الْحَبِيـبُ فَقَـدْ أَصَـابَـا

الدار البيضاء – 30 صفر 1444هـ/ 27 سبتمبر 2022م

الفهرس